本书由

北京第二外国语学院 2024 年度“新时代中外人文交流丛书”项目

资助出版

FACING THE GLOBAL SOUTH

Research on the Strategic Partnership Between the European Union and Emerging Economies

石晓虎 著

面向全球南方

欧盟与新兴经济体战略伙伴关系研究

前　言

《马斯特里赫特条约》于1993年正式生效，这标志着欧盟正式成立。此后，全球化进程加速演进，国际关系格局持续发生重大转变，世界范围内的新机遇、新挑战不断涌现，这些都对欧盟的国际环境产生了不容忽视的影响。面对全球南方的整体性崛起、世界多极化深入发展以及大国关系的深刻复杂演变，欧盟开始重新思考和探索与世界主要国家、区域组织、国际机构等的关系，并谋求建立一种更新、更为紧密的战略伙伴关系。基于此种关系，欧盟一方面可以推广其价值观和规范，另一方面则可以为欧盟及其成员国发展营造更为有利的经济及地缘政治等环境，以进一步促进欧盟的战略自主。欧盟认识到，在国际形势日益复杂、国际秩序博弈日益深入以及全球治理困境不断加深的情况下，仅仅依靠自身力量是远远不够的，还要通过建立强大的战略伙伴关系，不断提升自身的国际运筹能力。为此，欧盟不断转变外交心态，并制定更为积极主动的对外战略，其中既要求与美国、加拿大、日本、澳大利亚及韩国等传统盟友合作，还谋求与全球南方中的诸多代表性国家以及区域组织、国际组织等建立战略伙伴关系，进而助力提升欧盟的全球影响力和行动力。

目前，欧盟已经与十个国家建立了正式战略伙伴关系，其中包括中国、美国、加拿大、墨西哥、巴西、南非、俄罗斯、日本、印度与韩国。具体来看，美国、加拿大等系欧盟的传统伙伴，日本和韩国则是二战后融入西方阵营的合作伙伴，中国、墨西哥、巴西、南非、俄罗斯、印度等则是在多极世界中影响力不断扩大的新兴经济体。就欧盟的具体战略伙伴国别而言，它们也有着不同类型的划分，如美国是欧盟开展全面合作的不可替代伙伴，双方战略合作旨在促进自身发展，以应对全球挑战；加拿大是欧盟志同道合的伙伴，双方有着全方位合作；日本、韩国、墨西哥与欧盟实施了高度的协调与合作；巴西、印度、南非是与欧盟有着共同价值观和利益基础的“有限合作伙伴”；中国、俄罗斯等则是与欧盟有着价值观差异但存在一定共识和利益的“有限合作伙伴”。此外，欧盟虽然没有将土耳其吸收为正式成员国或正式确立双边战略伙伴关系，但是曾多次表示土耳其是欧盟的“战略伙伴”。如时任欧洲理事会主席图斯克在 2015 年 11 月的欧盟与土耳其峰会后表示，“土耳其仍然是欧洲的关键战略伙伴，也是欧盟的候选国”。2017 年 12 月，时任欧盟委员会负责就业、增长、投资和竞争力的副主席于尔基·卡泰宁在会见时任土耳其副总理穆罕默德·西姆塞克时称，土耳其是欧盟的“战略伙伴”。但是随着土耳其内部局势的持续变化以及欧土关系的一度紧张或对抗，双方关系渐行渐远，欧盟认知中的土耳其伙伴形象也逐渐变差。

欧盟还与六个地区和国际组织等建立战略伙伴关系，其中不少是来自全球南方的地区和国际组织。1999 年，欧盟与拉美和加勒比地区国家建立战略伙伴关系。2007 年第二届欧非首脑会议通过了题为“非洲-欧盟战略伙伴关系”的联合战略文件，强调欧盟与非盟是真正的“大陆对大陆”的伙伴关系。2020 年，欧非关系升级为新的战略伙伴关系。同年，欧盟与东盟正式确立战略伙伴关系，开启了双方合作的新篇章。2022 年 5 月，欧盟委员会通过了一份关于“与海湾国家的战略伙伴关系”提案，旨在扩大和深化欧盟与海湾阿拉伯国家合作委员会（以下简称“海合会”）及其成员国的合作。2024 年 10 月，欧盟和海合会在比利时布鲁塞尔举办首届峰会，以推动两个组织之间不断深化伙伴关系。

此外，为巩固能源和矿产供应安全，欧盟与加拿大（2021 年）、乌克兰（2021 年）、哈萨克斯坦（2022 年）等国陆续签署原材料战略伙伴关系协议或开展原材料战略伙伴关系谈判。应该说，欧盟对战略伙伴的选择体现了较强的时代性和实践性，意在服务欧盟的战略利益以及提升欧盟的战略行动力，从而切实维护欧盟的发展与安全。

关于何为“战略伙伴关系”，国际社会目前尚无统一的定义。一般而言，战略伙伴关系需要基于共同的价值观和利益，履行参与方认可的义务并承担相应的责任，从而促进共同发展或维护双方共同利益。鉴于建立战略伙伴关系的各参与方战略意图、综合实力以及合作能力不同，战略伙伴关系可能对地区与国际事务产生重大影响，乃至影响到世界发展走向和人类社会命运。截至目前，欧盟没有公布关于战略伙伴关系明确定义的官方文件，也就是说，欧盟对战略伙伴关系缺乏一个明确和一致的定义。2016 年，瑞典乌普萨拉大学学者安娜·米哈尔斯基认为，战略伙伴关系体现为参与者通过社会化行动，使得他们能够通过与重要他者的角色扮演，在国际体系中获得对其地位和位置的认可。欧盟最早在 1998 年使用战略伙伴关系这一概念，当时的欧盟与俄罗斯峰会将双边关系定义为战略伙伴关系。这其中既有明确拉拢俄罗斯的意图，也不乏将战略伙伴关系拓展到欧盟与更多中东欧国家的谋划，意在通过合作方式解决一些事关欧盟东扩的议题。对欧盟而言，战略伙伴关系有着一些基本的指导原则，如包含最低的共识基础、合作的战略设计与规划以及合作的制度化机制等。其目标是促进实现欧盟的战略利益——成为有影响力的全球行为体，分担全球责任并与战略合作伙伴一起应对当前的全球挑战。2021 年，葡萄牙学者劳拉·费雷拉-佩雷拉和英国学者迈克尔·史密斯在《欧盟的战略伙伴关系》一书中指出，欧盟的战略伙伴关系是在多层次变化和危机背景下支持欧盟对外行动的工具。当然，欧盟与不同国家的战略伙伴关系，其内涵与外延也不完全一致，这是因为在谋划之初欧盟就有着个性化的设计，以凸显每一对战略伙伴关系的特殊价值和意义，因此欧盟战略伙伴关系的多样性十分明显。

要看到，欧盟的战略伙伴关系并非建立或确立后就都一帆风顺并实现既定目标，而是与欧盟面临的动态外部环境及其阶段性战略与外交重点密切相关。总体来看，在欧盟与新兴经济体建立的战略伙伴关系当中，除与韩国（既属于高收入国家也属于新兴经济体）外，大多数面临各种各样的困难。究其原因：一是欧盟往往没有真正将战略伙伴看作平等伙伴，也没有真正考虑战略伙伴的切实利益，而只是以自身利益以及成员国的利益为要；二是欧美特殊关系使得欧盟与新兴经济体的战略伙伴关系容易受到美国因素影响，进而难以顺利推进；三是欧盟行政机构冗长的行政程序及官僚主义作风，加上欧洲议会决策的碎片化与博弈的情绪化，阻碍了欧盟与不少新兴经济体战略伙伴关系的发展。

对于战略伙伴关系发展现状及面临的问题，欧盟内部很早就有不少的反思。2010 年 12 月，欧洲理事会在关于战略伙伴关系进展的报告中就指出，战略伙伴关系需要不同的策略，因为欧盟与不同战略伙伴的相互关系不一。2011 年，埃格蒙特研究所研究人员托马斯·雷纳德就表示欧盟的对外战略伙伴关系并不十分“战略”，其原因包括并非欧盟的每一个战略伙伴都具有对等的战略性，欧盟在许多真正的战略性议题上并没有与战略伙伴进行战略合作，有关战略伙伴关系没有对欧盟及其部分战略合作伙伴产生结构性或机制性影响，以及欧盟自身在很多事务上并不能被合作方认为是战略伙伴。2024 年 2 月，欧盟科研框架计划“地平线 2020”支持的研究项目“为全球欧洲构想新的治理架构”在其政策简报中指出，“尽管欧盟长期以来借助战略伙伴关系推动多边主义，但是面对令人担忧的全球格局，战略伙伴关系的有效性、连贯性和可持续性成为突出问题”。“何为欧盟的战略伙伴关系”、究竟什么是“战略”等重大问题显得越来越不明朗。欧盟需要全面重新思考战略伙伴关系，优先考虑与志同道合的国家和国际机构以及其他区域组织建立战略伙伴关系，进而使欧盟的战略目标与成员国的战略目标保持一致。美国卡内基基金会 2024 年 5 月也指出，在讨论战略伙伴关系作为欧盟共同外交和安全政策基础，以及作为共同安全和防务政策工具的有效性时，面临两个不得不重视的问题。一是欧盟对战略伙伴关系的理解和实施缺乏精确性，尤其是欧盟在诸多战略文件中没有区分正式和非正式伙伴关系的差异，进而造成了概念的模糊；二是欧盟与其成员国通过多种外交手段与各种全球伙伴交流对话，以追求各自不同的外交政策目标，进一步阻碍了战略伙伴关系框架下欧盟及其成员国外交的一致性。

不少新兴经济体或全球南方的地区和国际组织对欧盟呼吁推进战略伙伴关系虽然予以一定的理解、配合和支持，但是对欧盟的高要求、单边施压乃至制裁表现出了一定的抵制。因而，欧盟与不少新兴经济体的战略伙伴关系目前遭遇不少现实难题乃至缺乏战略色彩。为此，欧盟机构或领导人不时表态要支持和推进有关战略伙伴关系，尤其是强调加强对话及设计新的战略合作路线图。如欧盟委员会主席冯德莱恩多次表示，欧方要重返拉美并加大对非洲国家的重视。对此，一些欧洲专家认为，应推动战略伙伴关系的普遍发展，进而逐步改善欧盟当下的国际地位，并促进实现欧盟的全球战略目标。然而，有的欧洲专家持不同意见，认为欧盟应优先发展同部分战略伙伴的关系，进而改善欧盟的国际环境。

近年来，世界持续面临多重相互关联的危机冲击，和平与发展仍是世界各国人民的需求和期待，但是各种破坏国际交流与合作的消极因素不仅存在，而且有进一步发展的趋势。国际关系中全球北方与全球南方之间的鸿沟有所扩大，欧盟如果继续将维持跨大西洋联盟置于其外交政策核心，不仅会压缩自身的政策空间，而且将引发不少全球南方国家的疏离。因而，欧盟必须重新思考其外交优先事项以及对外部世界的态度，这需要欧盟领导人、欧盟机构、欧盟成员国以及包括欧盟企业、智库、媒体等力量的集体参与，在对话和辩论中形成越来越清晰的认知并真正走向战略自主，进而推动欧盟战略伙伴关系的新发展。

本书在谋篇布局中，基于全球南方快速发展及其整体地位和影响力不断增强的态势，着眼欧盟与新兴经济体及来自全球南方的地区组织之间的战略合作态势，重点选择了巴西、印度、南非、墨西哥、韩国、俄罗斯、中国以及东盟与欧盟的战略伙伴关系作为研究对象。此外，考虑到土耳其作为北约成员国以及欧盟候选国，在处理与欧盟战略合作与博弈时表现出的独特风格及影响，也将其与欧盟的具有战略意涵的关系列为研究对象。目的是通过研究欧盟与典型新兴经济体及东盟的战略伙伴关系或战略关系，描绘当下欧盟与新兴经济体战略伙伴关系或战略关系的现状，梳理有关新兴经济体应对与欧盟分歧或波折关系的做法，进而全面把握欧盟与全球南方国家或地区组织战略伙伴关系或战略关系的特点及未来可能的走向。

目 录

第一章 欧盟着力发展与全球南方关系

“全球南方”一词最早出现在20世纪60年代，最初主要形容欠发达国家，与“落后国家”“不发达国家”“发展中国家”“第三世界”等术语有着一定的相近意涵。最近十多年来，全球南方在学术层面和外交层面被频繁提及，其涉及的对象主要还是传统的亚洲、非洲、拉美国家以及大洋洲部分国家。尽管当前国际社会对全球南方的定义尚未达成共识，但是也形成了多视角的观察方法，其中包括反殖民主义、资本主义全球化、经济发展、不平等、地理位置等。多数全球力量认为全球南方反映了最近几十年来世界主要力量的发展变化以及参与全球治理力量的演变，认为传统的全球南方在新形势下拥有了新的意涵，必须重新思考与认识全球发展路径、经济关系以及地缘关系等理念，进而客观认识全球南方的新变化、新贡献。

实际上，自二战结束以来，欧盟（及其前身）与全球南方经历了错综复杂的关系变化。这种关系的变化既体现了欧盟视野中的全球南方地位和作用的变化，也显示欧盟对全球南方国家的看重和期待有所增多。目前，欧盟正在转变思想、更新观念，与全球南方积极接触和沟通，以争取全球南方的理解、信任和支持，进而助力欧盟乃至西方在日益激烈的国际竞争中获得更为有利的位置。

第一节 历史视野中的欧盟与全球南方关系

联合国南南合作金融中心2022年年初将“77国集团+中国”明确为全球南方。这是一个历史性认定，具有较高的国际权威性。同时，国际社会也将二战结束以来属于全球南方的区域性与全球性国际组织列入全球南方大范畴，强调全球南方区域性与全球性国际组织发展壮大有助于提升全球南方的影响力。对于全球南方到底有没有“领头羊”，国际社会也是众说纷纭，部分西方的学者认为引领全球南方的是“发展的民主”。总的来看，欧盟（及其前身）在同全球南方打交道时强势地位不断下降、“硬手段”有所减少，需要重新认识并积极争取全球南方。

第一，二战结束至20世纪70年代。真正意义上的欧盟与全球南方关系可以追溯至二战结束后，当时广大亚非拉国家陆续掀起声势浩大的争取民族解放和国家独立斗争，这使得处于矛盾中心的英国、法国、荷兰、比利时、西班牙、葡萄牙等传统殖民国家受到冲击。不少新独立的发展中国家纷纷加强南南合作，谋求以集体力量挑战殖民体系及战后建立的部分不公平国际机制，还对一些谋求独立的殖民地予以声援和支持，进而给不少欧洲宗主国带来较大的国际压力。1955年的万隆会议，更是鲜明地提出了加强亚非国家团结、反帝反殖的口号。鉴于当时冷战开启、不少殖民地和半殖民地国家强力反殖以及不少西欧、南欧宗主国实力走向衰弱，英国、法国、西班牙、葡萄牙等老牌殖民者不得不陆续允许一些殖民地国家走向独立。与此同时，部分欧洲前宗主国仍谋求加大对部分殖民地的控制并努力将它们拉进欧洲一体化的进程，尤其是在1957年3月签署的欧洲经济共同体条约与欧洲原子能共同体条约，以及1965年4月签署的将欧洲煤钢共同体、欧洲原子能共同体和欧洲经济共同体合并为欧洲共同体（以下简称“欧共体”）的条约中，英国、法国、意大利等宗主国还将附属的殖民地或半殖民地纳入条约范畴。

对于新独立的发展中国家，欧共体及其成员国往往利用经济优势进行干预，以保持对前殖民地的传统影响力。欧共体与许多新独立国家建立较为紧密的经济贸易关系，乃至签订经济贸易协定。如欧洲经济共同体、欧共体分别于1963年和1969年同非洲十多个新独立国家签署两个《雅温得协定》，以加强与原殖民地国家的经济贸易等关系。对此，国际社会看法不一，有的认为上述协议并没有改变不平等的宗主国对外合作模式。1975年，欧共体9国与非加太46国签订第一个《洛美协定》，其重点是欧共体承诺加大对非加太国家的援助和投资，给予大多数非加太国家出口欧共体农产品和矿产品的免税待遇，以及给予糖和牛肉等产品的优惠准入。为换取进入欧共体市场的最大限度优待，签订协议的非加太国家也给予欧共体最惠国待遇以及相应的投资便利。尽管第一个《洛美协定》取得一定进展，但是并没有切实解决非加太国家的现实关切。1979年，欧共体和非加太国家续签第二个《洛美协定》，重点引入对最不发达国家的优惠待遇和稳定矿产品出口收入的机制。但是欧共体将经济与政治混为一谈，谋求通过给予非加太国家看得见的经济和贸易优惠，换取进一步干涉相关国家内部事务的权力。因此，欧共体加强与全球南方国家的接触与合作，有着服务其自身利益的考虑，目的是将新生的发展中国家纳入资本主义体系并加以持续影响和塑造。

第二，20世纪80年代至苏东剧变。20世纪80年代初，世界经济遭遇较大挫折尤其是债务危机加重，这使得发展中国家经济增长率普遍下降，且对发达资本主义国家出口下降，一些石油出口国更是经历油价暴跌带来的严重困境。部分发展中国家积极探索符合自身国情的发展道路，对可持续发展的诉求增多。欧美国家则日益走向新自由主义，并利用社会主义阵营困境来深入做发展中国家工作。当时的欧共体虽然在名义上强调经济一体化的性质，但是其对外政策逐步超越单一的经济事项，尤其是积极开展集体外交，由欧共体作为一个地区组织或由其主要成员国一道联合开展对外行动，并突出联合行动带来的好处。随着新自由主义思想的发展，欧共体不仅积极推动自身的一体化进程，而且也将新自由主义运用到对外政策之中。1984年，欧共体与非加太国家续签第三个《洛美协定》，以此扩大对签约非加太国家的经济援助、拓展与非加太国家的合作领域并允许更多非加太国家享受出口欧共体的优惠待遇，进而促进相关国家经济的市场化、自由化。从实际执行效果来看，欧共体国家偏重通过强化对资金使用的控制，引导非加太国家的农业发展与粮食自给，而非支持和促进非加太国家的工业化。1989年，欧共体与非加太国家续签第四个《洛美协定》，支持非加太国家私营经济发展，推动非加太国家的结构性调整，促进非加太国家工业产品自由进入欧洲市场。

从20世纪80年代初至苏东剧变，欧共体的政治性越来越强，对全球南方国家的政策更加充满政治算计。对此，全球南方国家一方面看重与欧共体合作的收益，谋求在全球经济复苏乏力和自身经济困难的情况下遏制经济下滑态势并寻求新的经济增长点；另一方面对欧共体的强势与利己一面有了更为深入的认识，并为此采取了一些策略性应对举措。总的来看，欧共体表面上加大对发展中国家的援助和支持，并没有产生多数发展中国家预期的效果，尤其是贸易优惠协定并没有实质性帮助发展中国家提升对欧共体出口规模以及实现对外出口的多样化。非加太国家与欧共体的进出口贸易也没有脱离历史上的国际分工范畴，即前者对欧共体出口农矿产品，后者则对非加太国家出口工业制成品。受欧共体成员国企业、资本和产品等冲击，不少非加太国家国内竞争力受到削弱，乃至国民经济基础受到冲击。苏东剧变后欧洲的内部环境发生很大变化，这使得欧洲单一市场以及一体化进程面临新的有利形势。在此背景下，欧共体的对外经济合作，尤其是针对全球南方国家的合作，更附加强调实行多党民主制和市场经济的要求。尤其是1993年生效的《马斯特里赫特条约》规定欧盟的对外援助（接受方基本为全球南方国家）必须以民主和法治为基础，要求尊重人权和基本自由。

第三，欧盟成立至今。1993年欧盟正式成立并逐步形成共同的外交与安全政策，由此欧盟与全球南方国家关系经历较为明显的变化，从发展援助关系进一步演变为“伙伴关系”。欧盟成立后，拥有了更为庞大的经济规模以及更强的对外影响力，看待世界的角度也随之发生变化，尤其是认为全球层面的制度之争有所弱化，这使得传统非加太国家在其外交布局中的地位有所下降，促使欧盟对发展中国家的优先事项发生调整。1995年，在对第四个《洛美协定》进行中期评估时，欧盟对协定的执行情况较为满意，强调欧洲发展基金作为《洛美协定》工具是欧盟最大的单一援助事项，占当时欧盟对外援助总额的近45%；认为《洛美协定》成为南北合作的“典范”，突出体现在基于平等、相互尊重、相互依存、依法稳定推进等方面，并实现了多层次的深入交流对话；高度评价《洛美协定》重建了一种新的南北合作模式，构建了一种新的发展体系，并将以欧盟为主导的欧洲嵌入其中。但非加太国家对合作的不平等性尤为不满并加以批评，这促进双方对改变原有的合作形式逐步形成了一些新的共识。从20世纪90年代末开始，欧盟逐步推行战略伙伴关系，并首先同俄罗斯确立战略伙伴关系。

21世纪以来，欧盟不断发展与部分新兴经济体的战略伙伴关系并深化与非洲、拉美、地中海、东南亚等地区或区域组织的战略伙伴关系，进而深化欧盟与全球南方的交流与合作。2000年6月，欧盟与非加太国家签署《科托努协定》，这是当时欧盟与发展中国家之间最全面的伙伴关系协定，它提出了雄心勃勃的目标，并保留了欧共体和非加太国家25年来的合作成果。欧盟还参与了诸多贸易谈判，签订了不少新的双边和多边贸易协定，并明确了合作的劳工和环境标准、政府采购、市场竞争等诸多规范。这引发不少发展中国家政治家、企业以及民众的担忧，认为上述协定给予欧盟企业更多优惠乃至特权，从而削弱相关发展中国家竞争力，妨碍其更好地融入全球化进程。2005年，欧盟承诺支持发展中国家发展的政策一致性，并以此作为与全球南方国家交往的主导思想。2007年，欧盟《里斯本条约》的通过进一步影响到其与全球南方国家的合作，尤其是欧盟规定对外贸易需要符合民主、法治和人权以及自然资源可持续的原则，需要捍卫欧盟的工人权利、消费者权益和环境标准，因而将对外贸易设定在欧盟的专属管辖范畴，并赋予欧洲议会等参与制定共同对外政策的权力，这使得欧盟对外合作的内部介入方有所增多并加大了欧盟对外合作的难度。因此，欧盟与全球南方国家合作的政治化特征更为突出，遭到诸多诟病。

鉴于全球南方的集体崛起及其在国际事务中发挥的作用越来越大，包括欧盟在内的西方世界给予全球南方更多重视，而且在合作方向上也有所变化。如 2010 年，欧盟与非加太国家的合作聚焦于更好地应对诸如气候变化、粮食安全、地区合作、国家不稳定性以及援助有效性等新挑战。2018 年，欧盟推动建设非洲与欧洲可持续投资和就业联盟，这是欧盟对非战略的关键工具。欧盟意图通过支持对非贸易、促进非洲地区经济一体化，促进非洲国家的可持续发展。近年来，随着金砖国家等全球南方国际组织影响力提升，欧盟高度重视全球南方，尤其是法国总统马克龙 2023 年曾表示有意参加金砖国家峰会。在推进多边主义方面，欧盟认为其是参与全球事务和维护全球多边体系的核心力量，欧盟的繁荣和供应链的稳定也建立在与全球南方的可靠合作之上，因而其谋求强化基于西方规则的多边主义，以此加强共同利益和价值观并恢复在全球南方的信誉。为此，欧盟致力于扩大与全球南方的合作。欧盟内部部分力量还主张欧盟面对全球大国竞争日益复杂激烈的态势，要基于自身利益，加大对发展中国家的投资，从而在国际关系中走出“第三条道路”，提高自身战略自主水平。这需要欧盟改变态度，在跨大西洋联盟的框架下切实推进相关政策以及采取符合共同利益的具体行动，以争取全球南方的支持。如针对非盟，欧盟近年来多次公开支持其内部建设及其对非洲事务的主导地位，还支持其成为二十国集团正式成员。

此外，20 世纪 90 年代以来尤其是 21 世纪以来，欧盟及其部分成员国基于国际力量对比与南北关系变化等因素，逐步加大对原殖民地国家殖民历史的反思和赔偿，并通过内部讨论使得相关认知成为共识乃至官方政策。无论是欧盟人权报告公开谴责殖民罪行，还是欧盟部分成员国围绕残酷镇压和血腥屠杀殖民地的历史公开致歉，或是部分归还掠夺的殖民地财富等，都显示了欧盟及其部分成员国对殖民主义和殖民历史的一些悔过态度。如德国政府 2021 年公开对屠杀 8 万名纳米比亚部落居民罪行进行道歉并赔偿 13 亿欧元，以用于促进当地重建和发展。对此，不少原殖民地国家虽然表达一定程度的满意，但是认为这些反思或赔偿不够，尤其是未能解决殖民历史遗留问题以及现实中的不公正问题。

第二节　欧盟对全球南方的新认识、新举措

欧盟在数十年发展过程中，对全球南方的认识经历了复杂变化。这源于国际形势的深刻复杂变化、国家间力量对比的持续演变以及欧盟自身地位和作用的变化。欧盟认为，其对全球南方的影响力有所下降，即便是对不少有着传统影响力的原殖民地国家也是如此。由此，欧盟不得不重新认识全球南方，谋求赋予其更高的地位、给予更高的重视以及开展更深入的合作，进而在解决部分全球南方国家关切的情况下巩固和提升自身国际影响力。

第一，欧盟予以全球南方更多关注并重视彼此的互动。近年来，面对全球南方逐步壮大以及在争取全球南方国家支持上的困境，欧盟对全球南方的重视逐步加大，其不仅在政策宣誓上给予全球南方更多尊重，而且强调积极回应全球南方的诉求，给予全球南方更多支持。如 2023 年 3 月，时任欧盟外交与安全政策高级代表博雷利指出："所谓的全球南方远非一个同质的群体，因为它既包括世界上最贫穷的国家也包括充满活力的新兴国家，甚至还包括一些自然资源最富有的国家。除了上述巨大的多样性之外，全球南方还表达了三个方面的关切，即强烈希望得到北方国家的承认，利用全球体系的矛盾来实现自身议

程，以及谋求在多边机构中获得更大代表性。这些要求需要由欧洲人来推动加以解决。”这种高度重视使得全球南方从以往的欧盟“小伙伴”“小兄弟”逐步发展为一定意义上的平等对话与合作伙伴。

其一，全球南方日益成为影响国际秩序构建的重要力量，并在一定程度上影响到欧盟对国际秩序塑造的期待。全球南方在形成过程中对二战结束后形成的国际秩序多有不满，这种不满在南北不平等加剧的情况下更为明显。近 20 年来不少新兴经济体和中等发展中国家借助自身的发展以及国际影响力的提升，开始围绕国际秩序演变持续发声，强力批判自由主义国际秩序，呼吁推动建立多极世界，倡导改革现有的多边机构或建立新的多边机构。如古巴领导人卡内尔在 2023 年 9 月召开的“77 国集团+中国”会议上发言认为，全球南方数个世纪以来饱受西方富裕国家主导的国际制度之苦，现在必须实现“规则的转变”。对于自由主义国际秩序，欧盟也有着自身的认知，其根本诉求是基于自身需求和关切，促进国际秩序朝着有利于欧洲安全和繁荣的方向发展。欧盟还公开坚持将国际秩序演变与价值观相结合，强调通过合作、开放以及包含对民主和人权承诺的法治来实现繁荣。对此，不少全球南方国家并不认同，并质疑欧盟的国际秩序价值观缺乏包容性，显得尤为虚伪。欧盟对演进中的国际秩序心存不满，认为其不符合西方世界整体利益，尤其是乌克兰危机以来，欧盟对国际秩序的认知出现较大变化。部分欧盟国家学者还强调，乌克兰危机标志着国际新秩序的开端。欧盟对俄罗斯予以持续谴责并出台一系列打压和制裁俄罗斯政策。但是从实际效果来看，不少全球南方国家不愿意“选边站”或予以欧盟明确支持，这突出表现在全球约 50 个发展中国家没有支持欧盟在联合国大会上提出的谴责俄罗斯的方案。根本原因是不少全球南方国家坚持独立自主，不愿意充当特定大国的代理人并谋求以平等的姿态与所有国家进行交往与和平相处。这对欧盟来说非常尴尬，因为长期以来欧盟虽然给予不少全球南方国家援助并建立了多种形式的伙伴关系，但是在涉及国际秩序的关键议题上却难以得到部分全球南方国家的支持。如对于非洲国家，欧盟日益陷入自我假设的与非洲国家关系牢固以及共享维护国际秩序原则的认知误区。同时欧盟也对部分全球南方国家的不支持立场表示不理解，乃至公开威胁反对者和谴责中立者。因而，欧盟一方面看重全球南方在塑造国际秩序方面的参与乃至推动作用，另一方面也担心部分全球南方国家的立场“摇摆”，但客观上全球南方已经成为全球主要力量争夺的对象，欧盟又必须加大拉拢全球南方的力度。

其二，全球南方成为世界经济发展的重要力量，但其内部分化严重。联合国、国际货币基金组织、世界银行等都根据人均国内生产总值、人类发展指数等指标对世界不同国家和地区发展程度进行分类。由于定义标准存在一定差异，相关国际组织认定的全球北方国家数量有所不同，进而认定的全球南方国家数量也随之波动。如联合国经济和社会事务部 2024 年 1 月发布的《世界经济形势与展望》认定 37 个国家为发达经济体；国际货币基金组织 2025 年 1 月发布的《世界经济展望 2025》认定全球共有 41 个发达经济体；经济合作与发展组织目前的 38 个成员国也通常被视为发达经济体或高收入国家。当下，全球南方经济总量全球占比超过 40%，对世界经济增长的贡献率达到 80%。其中不少新兴经济体和中等发展中国家成为经济发展的翘楚以及国际关系焦点，这在一定程度上缩小了全球南方与全球北方的差距。同时当前全球南方内部组成复杂，内部不平衡性较为明显，特别是有些国家从发达国家跌落为发展中国家；极少数新兴经济体通过自身发展达到高收入国家水平；不少新兴经济体经济规模超过意大利、英国等老牌资本主义国家，人均国内生产总值目前尽管相对不高但发展潜力巨大。多数全球南方国家虽然经济有所发展，但面临的经济挑战较多，可持续发展的压力较大。少数全球南方国家因为战争、内部分裂、政治动荡等因素处于经济衰退状态，高度依赖外部援助。相比于援助要求严格的北方国家，不少发展中国家可能更愿意接受来自同为全球南方的友好国家的经济合作或援助。对欧盟来说，全球南方经济权力向少数新兴经济体集中，虽然便于其交往但是也带来新的风险，其中包括可能加深对少数新兴经济体的产业链依赖、受到新兴经济体国际组织的挑战等。尤其是部分新兴经济体经济规模较大、国际塑造能力较强，可以在一些方面对欧盟“说不”，进而在一些涉及欧盟核心利益的事务上不予欧盟支持，乃至冲击欧盟的全球经济地位。如金砖国家队伍稳步扩大，尤其是在2024年吸纳沙特、阿联酋、埃及、伊朗和埃塞俄比亚后，经济规模和国际影响力大增。因而欧盟内部不少人对金砖国家的发展较为担忧，认为这可能导致权力优势从西方转向东方和南方，进而使得金砖国家可能引领全球经济。

其三，南北相互依存扩大以及全球南方国家之间的分合复杂发展，对欧盟来说喜忧参半。20世纪90年代以来，随着全球化的快速推进以及发展中国家尤其是新兴经济体的整体性崛起，全球南方出现了两大明显发展趋势。一是全球南方和全球北方的经济融合日益加深，部分全球南方国家与全球北方国家的发展差异有所缩小。近20年来，全球南北双方相互依存日益加深，进而逐步形成携手应对一些共同挑战的基础。在全球经济繁荣以及全球北方国家占据国际竞争主导地位的时期，南北双方的经济融合无疑会给全球北方带来益处。但是在全球经济不振以及南北双方竞争加剧的时期，全球北方国家对全球南方国家的担忧也明显增多，全球北方担忧自身将面临更大的经济安全危机乃至可能丧失世界主导地位。尤其是随着2008年以来资本主义危机的持续发酵，发达资本主义国家遭受较大冲击，也引发其更大的担忧。欧盟作为全球主要经济体，对当前的全球分工有所不满、对自身供应链安全的担忧有所增多。如欧盟一度25%的进口能源来自俄罗斯，其在与俄罗斯关系逐步恶化的情况下竭力实现能源进口多元化，进而实现能源安全。二是全球南方发展不平衡及其内部利益诉求差异化有所显现，给欧盟争取全球南方支持带来一定困难。全球南方作为一个内涵并不十分明确的集体，其内部组成复杂，成员发展水平参差不齐。在此情况下，多数全球南方国家往往基于自身的实力、价值观和利益诉求，在诸多重大地区和国际问题上作出个性选择，其相关立场可能符合欧盟的利益也可能不符合欧盟的利益。如在接受发展援助方面，不少全球南方国家不愿接受附加严苛条件的欧盟援助，而谋求扩大南南合作，以避免欧盟的捆绑式援助讹诈。部分新兴经济体基于自身经济实力和科技水平的提升，在全球舞台与欧盟展开竞争，以抢占发展先机与国际话语权。欧盟对此的不满有所增多，但是却难以作出有效的反应。此外，部分全球南方国家寻求符合国情的独立自主发展道路，遭到包括欧盟在内的部分西方世界的敌视或打压。这使得部分全球南方国家与欧盟始终处于紧张关系。

其四，少数全球南方国家成为欧盟争夺地缘政治利益的重要场域，引发双方相互认知的新变化。伴随着 2008 年资本主义危机的持续发酵以及美欧等维护西方全球领导地位的行动力度加大，全球经济、社会和政治等领域的动荡有所加剧，尤其是地缘政治冲突在部分全球南方国家日益突出。围绕上述全球南方国家的地缘政治新博弈与以往的地缘政治斗争有所差别，这种差别体现在全球南方国家不再是局外者而是当事者和参与者。如近年来随着乌克兰危机持续延宕，不仅欧盟和北约以及俄罗斯等参与其中，而且很多亚非拉地区国家也被欧美强行拉入。非洲受到西方国家和新兴经济体的双重重视，对非援助、经济合作以及支持非洲和平与安全事务成为多方博弈的重心。为此，欧盟不少成员国作为曾经的殖民者为维持传统影响力而持续发力，乃至插手不少非洲国家的内部事务。美欧等西方力量也持续加大对亚太地区的投入，构建新的具有对抗色彩的多边机构并强化前沿军事存在，谋求影响该地区的发展走向。

全球南方基于自身利益对地缘政治斗争的叙事认知也有新发展。如不少全球南方国家认同和倡导构建多极世界，指责破坏构建多极世界的行为是不尊重当前国际权力变化的现状。对于多极世界构建过程中出现的地缘政治问题，不少全球南方国家有了新的思考和认识。如在被美欧要求围绕乌克兰危机表态时，部分全球南方国家认为，包括欧盟在内的西方世界过于关注乌克兰危机以及大国势力范围之争，而忽视了全球南方所面临的债务、贫困及气候变化等突出问题；美国主导的对阿富汗战争以及伊拉克战争已经证明了西方的虚伪和双重标准，谴责俄罗斯并不能解决乌克兰危机。在萨赫勒地区，部分国家在政局出现剧变后，选择与原宗主国及欧盟疏远关系并强调自主选择外交政策的重要性。如随着马里内部安全形势的变化，新政府将法国军队驱逐出境并与俄罗斯签署了一项安全伙伴关系协议；尼日尔政府不仅驱逐法国军队、终止与美国的军事合作协议，还加强与俄罗斯的经济和军事合作。这些都引发欧盟尤其是法国的不满。对于欧盟等西方力量在一些全球南方国家应对地缘政治变化时持有的傲慢态度，不少全球南方国家政治家表达了极大的愤慨。如塞内加尔总统萨勒表示，非洲大陆不想成为新冷战的温床。

其五，全球南方日益深入参与全球治理与地区治理，给欧盟带来机遇和挑战。近 20 年来，随着全球性问题增多且日益呈现相互交织和叠加的特征、全球化从快速发展到遭遇逆流、大国围绕全球治理的博弈日益加深，现有的全球治理体系面临深刻危机。一是欧盟与全球南方在全球治理中的作用呈现明显的差异。一方面，欧盟长期以来以多边主义“捍卫者”自居，在当今多边国际机构中发挥着重要作用，并谋求通过参与全球治理在国际关系中投射其价值观和利益。但正是因为欧盟参与全球治理有其特定的价值观和利益诉求，其往往以自我为中心，乃至言行不一致，进而遭到部分全球南方国家的质疑或反对。如在自由贸易议题上，欧盟一边强调自由贸易、反对别国实施关税和非关税壁垒，另一边又在一定程度上奉行单边主义，尤其是设置有利于欧盟成员国的内部采购规定、反补贴政策等，这被指责为破坏国际贸易的多边主义精神。另一方面，广大发展中国家和新兴经济体在不满现状的同时，也积极参加全球治理进程并以南南合作等方式发挥集体作用。尤其是在应对全球气候变化方面，广大全球南方国家作为气候变化受害方不仅积极推动绿色发展和减少碳排放，而且还携手推动发达国家承担历史和现实责任，为减少温室气体排放作出更大贡献，进而促进全球气候治理取得更大成就。对于全球南方积极参与全球治理，欧盟的心态非常复杂，既谋求引为己用，又在意图未能实现的情况下实施一些打压或制裁行动。二是全球南方加强联合自强。除组建金砖国家、上海合作组织等国际组织外，全球南方还在特定区域建立了非盟、拉共体等区域组织，目的是自主解决区域内部的一些涉及和平、发展、稳定等的重大问题。如非盟积极参与解决非洲内部的一些非正常政权更替以及国家间冲突等事务，向部分冲突热点地区派遣维和部队。此外，部分全球南方国家基于共同利益，也积极协调其他全球南方国家之间的分歧或矛盾，进而促进相关国家间关系改善。如2023年年初中国积极发挥在中东地区外交优势，协调叙利亚重返阿盟、推动伊朗和沙特和解，改善了中东地区地缘政治环境，促进了中东地区的和平与发展。

第二，欧盟对全球南方采取新政策、新举措。早期，欧盟与全球南方的合作主要集中在经济、发展和冲突管理等三个方面。随着对全球南方认知的变化，欧盟赋予了全球南方更高的定位，并从心态、立场等各个方面强化对全球南方的重视，尤其是强调要作出更大的努力、拓展原有的合作圈子并加强与全球南方的多领域合作，乃至谋求将全球南方打造成为欧盟的合作伙伴。尽管全球南方成员众多、诉求多元，欧盟也是一个成员国众多且内部争论不休的一体化组织，但欧盟自信自身实力强、长期与全球南方打交道且拥有丰富的对外交往经验，可以在适应全球转型中处理好与全球南方的关系。上述认知既体现在欧盟整体政策上，也体现在不少欧盟成员国的具体政策之中，进而使得全球南方在欧盟经济、文化、外交、安全等领域政策中占有更大的分量。

其一，欧盟重视与全球南方的接触，以深入了解全球南方的诉求。随着世界的巨大变化以及全球南方日新月异的发展，全球南方的整体利益诉求和共同行动对欧盟的影响越来越大。欧盟不能再以老眼光来看待全球南方，尤其是全球南方不仅对欧盟的依赖心态有所弱化，而且在不少重大问题上与欧盟立场相左，欧盟要想继续向全球南方推广自身倡导的诸多理念和政策，就必须深入接触全球南方，切实了解全球南方需求，从而争取获得全球南方的理解和支持。为此，欧盟一些政治家强调，“需要借助全球南方的眼睛来观察和认知世界，进而更好地建设未来欧洲”。为使欧盟“全球门户”计划对全球南方更具吸引力，欧盟更需要倾听全球南方国家的需求，而不是强加欧盟的标准。

其二，欧盟加强自我反思，重视政策的适应性。欧盟在政策制定上往往难以脱离陈旧的“欧洲中心主义”思想，这也是欧盟遭到诸多全球南方国家诟病和谴责的原因。欧盟需要进行反思，妥善处理与全球南方国家的利益关系，谨慎应对双方之间的差异和分歧，而非简单谴责或打压。欧盟与全球南方的对话与合作不能只聚焦欧盟的关切，如人权、贸易纠纷、非法移民、打击腐败等问题，还要对全球南方国家更关心的加快实现联合国2030年可持续发展目标、推动多边国际机构改革以及削减全球南方国家债务等议题作出回应。与此同时，在与全球南方合作时，欧盟也需适当照顾彼此关切，管理好利益冲突，否则这将在一定程度上欧盟弱化与全球南方的合作基础。因而，欧盟在向全球南方提出合作倡议时，需要突出公平、公正、对等、互惠的原则，使欧盟成为更具吸引力的合作伙伴。欧盟对全球南方政策的调整，需要突出政策的韧性和灵活性，避免在某些问题上引发全球南方国家的反感乃至敌视。

其三，欧盟谋求与全球南方开展平等对话和谈判，促进建立平等伙伴关系。全球南方国家大小不一、力量参差不齐、相互之间组织也较为松散，但在大国竞争日益激烈以及“新中间地带”更受瞩目的情况下，全球南方展现了更大的话语权和影响力。欧盟必须以平等的心态与全球南方相处，而不能再低估或轻视全球南方的力量。否则，欧盟就可能自我设限，不仅会遭到全球南方国家更多的质疑和不信任，而且也无法与全球南方建立更为稳固的伙伴关系。可以说，欧盟与全球南方建立基于平等身份的伙伴关系，是实现双方共同繁荣与长远发展的重要途径。通过加强与全球南方的合作，欧盟不仅能够促进全球治理更具包容性和公平性，而且可以为应对当前复杂的全球挑战提供更为坚实的基础。

其四，欧盟选择与部分全球南方国家重点加强合作，以更好地实现阶段性利益。欧盟与全球南方重点国家的合作体现在多个层面，涵盖经济、贸易、投资、环境治理、外交等领域。但是对全球南方国家，欧盟内部历来有着一定的亲疏之分，大体可以分为传统友好国家、立场“摇摆”国家以及所谓的“异类”，欧盟对他们的政策有所差异。对传统友好国家，欧盟着力发展全方位关系，以深化合作水平、深化传统友谊；对立场“摇摆”国家则谋求以拉为主，适当采取一定的打压措施，进而谋求带动相关国家改变立场并对欧盟释放善意；对于所谓的“异类”，欧盟则大多倾向与其他西方力量联手施压，谋求“以压促变”。同时欧盟也不放弃一些至关重要的务实合作，如欧盟虽然与俄罗斯处于严重对抗状态，但仍继续购买俄罗斯的油气。此外，欧盟也认为不少全球南方国家往往更聚焦短期利益，可能为了本国利益而放弃一些全球南方共同立场或国际道义以换取自身的最大收益，欧盟视此为争取一些全球南方国家支持的便利。近期，欧盟围绕重新定义全球秩序，同一些与欧盟立场有所差异的全球南方国家进行沟通和对话，谋求重塑全球秩序并重建伙伴关系。

其五，欧盟还试图对全球南方实施传统的分而治之政策，以削弱全球南方国家团结。虽然欧盟没有从战略和政策上公开提出上述思想，但是从实践层面来看，欧盟为了打破全球南方在一些重大议题上的团结，实施了一些具有典型分而治之意味的政策。这些举措有可能引发部分全球南方国家的内部争议或分歧。例如，欧盟经常以贸易优惠协定为手段，与某些全球南方国家签署优惠协议，而对其他全球南方国家则实施较高的关税或制裁。这种做法不仅加剧了部分发展中国家之间的竞争，还可能导致部分发展中国家依赖欧盟市场，从而限制其自主发展能力。此外，欧盟的援助政策也具有高度政治性，尤其是通过不公正的援助比例来影响特定国家的发展。这虽然容易树立援助典型案例，但也可能影响该国与周边国家的关系。在应对气候变化议题上，欧盟的援助资金往往优先倾向那些与欧盟保持良好外交关系的国家。这种选择性拨款使得实际面临气候风险的国家难以获得必要的支持，从而加深了应对全球气候变化能力的鸿沟。

第三节　未来欧盟加强与全球南方关系的深层次挑战

从当前欧盟官方表态及其政策来看，欧盟非常重视与全球南方的关系并谋求开展深层次合作。但是欧盟对全球南方的实际行动也表明，其对全球南方的重视在相当程度上还停留在表层，聚焦于争取多数全球南方国家在多边层面支持欧盟的战略理念和具体诉求，进而维护欧盟的全球利益。对此，全球南方国家大多心知肚明，不会片面追随欧盟起舞，而是最大限度维护自身利益。

第一，欧盟的一些重大全球主张与全球南方虽有一定契合度，但双方分歧仍难以回避。欧盟作为全球舞台上的一支重要力量，对诸多涉及全球发展和人类命运的重大议题有着自己的主张和诉求。这些主张和诉求不乏一定的道义性，但是由于掺杂了诸多的算计和私利，难以反映全球各方利益。如果欧盟不能真正基于公平、公正、平等、互惠等原则处理与全球南方的关系，就难以有效获得全球南方的多数支持。例如，在价值观及发展优先事项上，全球南方与欧盟并不一致：全球南方国家大多坚持不干涉内政原则，对欧盟搞干涉主义不仅不认同，而且予以公开反对；全球南方绝大多数国家无意与外界产生矛盾，而聚焦于促进国内发展、改善民生和提高社会福利，对欧盟频繁挑起地缘政治争斗乃至煽动武装冲突表示不理解乃至公开反对。近年来，欧盟在减少对俄罗斯能源依赖以及扩大能源进口多元化的同时，谋求通过操纵气候变化议题来维护自身发展也激发不少南方国家反感，特别是其实施的所谓“碳边境税”，绝不是基于“平衡”国内产品和进口产品之间的碳价格差，而是借环保之名行贸易壁垒之实。上述举措无疑给不少南方国家带来一定冲击，如巴西、南非、印度以及一些最不发达国家都对此表示公开反对和抵制乃至起诉至世界贸易组织。此外，全球南方国家虽然重视和欢迎欧盟的官方援助，但也坚决反对欧盟借援助之机干涉其内政，特别是考虑到欧盟历来重视发展援助在其共同外交与安全政策中的工具性作用。作为对联合国2030年可持续发展议程及可持续发展目标的回应，欧盟各成员国于2017年通过了《欧洲发展共识》。2021年欧盟官方发展援助达到702亿欧元，较2020年的673亿欧元增加4.3%，这也使得欧盟继续保持世界最大官方发展援助方地位。但是欧盟内部也承认，欧盟官方发展援助离期待的水平还存在一定差距，而且很多发展援助还以贷款的形式出现，并不能从根本上解决全球南方国家的需求。同时，在欧盟官方对外援助中，援助款项的使用模式也反映出捐助者的兴趣取代了受援国的需求，而给受援国改革进程强行打上欧盟色彩更是削弱了一些受援国对接受欧盟官方援助的意愿。而在对外安全合作上，欧盟表现出越来越明显的两种现象：一是对非洲等部分热点地区的安全冲突问题表现出退却心态，导致非盟以及部分非洲国家的不满；二是对不欢迎以及拒绝接受欧盟介入的部分国家或地区，反而表现出浓厚的干预兴趣，进而带来一些新的地缘政治或全球安全问题。

第二，欧盟仍难以从根本上平等对待全球南方伙伴，引发全球南方国家持续不满。欧盟及其成员国虽然认识到全球南方的重要性并谋求强化与全球南方的紧密关系，但是这并不代表欧盟在实质上给予全球南方伙伴平等待遇，或者意图通过照顾全球南方伙伴的利益或关切来深化彼此关系。正如印度尼西亚前总统佐科指出的，“任何与欧盟的伙伴关系都必须建立在平等基础上”，“绝不允许一个人对另一个人发号施令，强调我们的标准比你的好”。其一，欧盟将全球南方视为参与全球斗争的重要筹码。欧盟自称对外行动的目标是促进和平、确保欧盟公民安全、推广价值观以及保护欧盟的全球利益，但目前来看，欧盟对全球秩序的认知虽然与美国有一定分歧，核心看法却相近或相同，这就使得欧美都致力于维护美国主导的自由主义国际秩序。在新的国际形势下，欧盟捍卫的自由主义国际秩序无疑正在推动一场意识形态冲突和对国际秩序控制权的争夺。在这场斗争中，全球南方作为一个整体是欧盟极力拉拢的对象，但部分全球南方国家也是欧盟意图打击的对象。全球南方国家对此有着清晰的认知，虽然一些国家基于自身利益选择暂时妥协或合作，但是也有部分国家并不屈服于欧盟，仍坚持自己的发展道路以及对外政策，并从各个方面抵制欧盟的相关理念和做法。欧盟迫使部分全球南方国家“选边站”的做法可能会遭遇更大阻力。其二，欧盟及其成员国并不愿意真正忏悔殖民罪行并作出实质性补偿，也不愿开展真正有利于全球南方的合作。例如，欧盟及成员国并不愿免除全部的原殖民地历史欠款，这给不少全球南方国家缓解债务压力以及谋求可持续发展带来阻碍。2021 年以来，欧盟基于地缘政治斗争需要出台了“全球门户”计划，力争将传统的发展援助转向对基础设施、能源和制造业部门的投资，总额为 3000 亿欧元（约一半用于非洲），其中 1350 亿欧元来自欧盟原有的融资渠道，只是被冠以“全球门户”的名义。预计涉及非洲的资金中，很大一部分将来自私人贷款机构，而不是欧盟官方机构。欧盟委员会主席冯德莱恩认为，“‘全球门户’计划与其他针对基础设施建设计划不同的是，附加了透明、治理以及价值等要求”。但是主要针对非洲的“全球门户”计划实际上更多优先考虑商业利益，相关项目不仅缺乏公开性而且也缺乏社会监督，这导致相关资金的使用可能带来后续的还贷压力。尤其是非洲多数国家债务压力较大，截至 2022 年非洲国家总体公共债务达到国内生产总值的 65%，导致部分非洲国家财政支出主要用于偿还债务，而不是促进发展。因此，以贷款形式出现的欧盟私人机构新投资可能加重非洲国家的债务。一旦一些非洲国家难以按时偿债，还可能面临欧盟要求整顿财政以及调整发展规划的干涉。此外，基于 2021 年至

2027 年欧盟规划，“全球门户”计划将支持非欧创建战略性、可持续和安全的运输走廊，以支持双方价值链连通、服务业发展和创造就业。从欧盟的规划来看，多个连接非洲和欧盟的战略走廊被视为矿产资源走廊，其目的是减轻欧盟关键原材料供应中断的风险。

第三，全球南方将迎来新的发展，使得欧盟在与全球南方的博弈中面临更大压力。全球南方已不同于传统的第三世界，二者有着较为明显的差异，这突出体现在新兴经济体领头羊的引领下，全球南方保持了快速发展。这使得全球经济发生了至关重要的变化，全球经济重心正不可阻挡地向发展中的全球南方转移。根据哈佛大学增长实验室 2023 年 7 月的数据，未来十年中国、印度、印度尼西亚、乌干达和越南将成为增长最快的经济体之一，中国更将成为人均国内生产总值增长最快的经济体，东亚、东欧和东非将成为全球新的三个增长极。随着经济上的发展，全球南方的政治诉求及其全球影响力都将明显增强。从国别来看，越来越多的新兴经济体有能力以平等的姿态与欧盟打交道；从组织层面来看，越来越多的全球南方地区组织、国际组织将得到深入发展，南南合作将不断呈现新的局面。尤其是亚非拉地区一些区域一体化组织，将加大内部互联互通，深化内部经济贸易关系，促进共同发展并加大减贫力度，从而进一步丰富南南合作内涵。随着一些新兴经济体全球竞争力的提升、全球南方总体实力的增强以及全球南方地区和国际组织影响力的增强，欧盟在未来的全球竞争中可能面临相对不利的环境，将使其影响、塑造或干预全球南方的能力有所弱化。

第四，欧盟与美国关系的复杂发展可能影响其对全球南方的争取努力。自二战结束以来，欧盟及其前身与美国的关系经历了深刻的变化，尽管欧盟在大部分情况下理解和支持美国的全球战略，但作为区域一体化组织及全球舞台上的一支重要力量，欧盟也有着自身独特的利益，若一味片面地追随美国，就可能给自身发展带来一定的挑战和风险乃至影响到自身的战略自主。当前虽然欧盟重视跨大西洋关系并将其作为欧盟全球战略的核心，但是美国并未将欧盟看作平等的伙伴，其很多对外政策对欧洲也会产生消极影响乃至冲击。在全球秩序构建方面，美国意图继续占据主导地位，虽然欧盟对此在很大程度上予以认同，但美国按照自身利益和节奏来谋划全球部署和全球斗争，在很多情况下并不会充分照顾欧盟的利益和关切。例如，美国长期以来利用在国际货币体系的主导地位打击欧元、持续将欧盟拖入诸多地区或国际争端，掣肘欧盟的发展。这些使得欧盟的战略自主难以实现，乃至沦为美国的附庸。对于自主性受损严重的欧盟，全球南方虽然继续予以重视，但是重视的程度无疑会下降。面对上述问题，欧盟内部也出现了一种论调，即欧盟要自主加强与全球南方的关系，构建新的国际秩序。如果欧盟能够清醒认识当前局面，加强内部整合并与美国保持适当距离，就可能构建新的战略自主形象。此外，部分欧盟成员国基于本国利益，在对外政策中可能将力争显示更大灵活性和主动性，积极改善与全球南方主要国家及国际组织关系，进而实现本国的发展以及强化全球影响力。当然主张强化跨大西洋关系的欧盟成员国和美国不可能无视上述情况，必将从政治、经济及外交等方面予以反制，相关欧盟成员国能否顶住压力并坚持自身政策，将直接关系到欧盟战略自主的韧性。

第四节　总结

在当前国际形势下，欧盟对全球南方的战略兴趣日益增强，并致力于同全球南方发展更为紧密的关系。这是因为欧盟认识到自身预期扮演的全球角色偏离了设定的轨道，与全球南方的感知并不一致。同时欧盟也认识到其对全球南方的影响力在下降，已经在一些重大议题上难以获得全球南方国家的战略理解和支持。因此，如何改善和深化与全球南方的关系已经成为欧盟机构、政治人物、智库等多方力量思考的极为重要的内容。其核心是增进欧盟及其成员国与全球南方的沟通与对话、消除全球南方对欧盟及其成员国的历史不满、增进全球南方对欧盟的信任以及争取全球南方对欧盟的新支持。但是欧盟在全球南方国家中高高在上、指手画脚以及干涉有关国家内部事务的形象形成已久，不太可能在短期内彻底消除。此外，欧盟仍坚持在对外经济贸易、官方对外援助等方面附加严苛的政治、经济等条件，导致其更难以争取到全球南方国家的充分理解和信任。即便部分全球南方国家基于短期利益需求，不得不接受欧盟的援助条件，但其内部往往仍难以认同欧盟的部分干涉性要求，尤其是实现欧洲人自己都未能实现的价值观。

全球南方虽然组成复杂且各国利益不同，但是对南北差异与分歧以及全球南方共同利益还是有着较为清晰的认知。尽管部分全球南方国家在地缘政治或地缘经济等方面分歧矛盾较多，双边或地区范围内的博弈不断，但是在涉及一些事关共同利益的重大或全球性议题上仍可能寻求一致，进而维护全球南方的共同利益。例如，在国际秩序构建上，全球南方国家大多认为单极主导的国际秩序已经不复存在，国际秩序正在经历结构性转型，要推动国际秩序朝着有利于促进世界和平与发展以及建设更加美好世界的方向转变。其中不少全球南方国家还谴责部分现有国际秩序的排他性、不公平性、掠夺性，强调重视国际体系演变中的全球南方国家发展权问题。鉴于上述情况，欧盟有可能在一些事务上利用全球南方国家间内部分歧争取部分南方国家的支持，但是在另外一些重大议题上又难以争取到多数全球南方国家的支持。例如，在应对气候变化议题上，全球南方在《联合国气候变化框架公约》第二十七次缔约方大会上协调立场，展示争取气候正义的坚定决心，推动包括欧盟在内的发达国家作出承担更大责任的承诺。

总的来看，未来欧盟与全球南方关系虽然总体向好，但仍充满一定的不确定性。要构建面向未来的合作模式，欧盟必须从思想上作出一定的改变，并立足平等尊重、互利共赢等基本原则，推动双方共同面对挑战，建立更为公正、公平、互利的合作机制。

第二章　对欧盟与新兴经济体战略伙伴关系的总体研判

自20世纪90年代末以来，欧盟在深化与传统西方盟友关系的同时，也逐步推进与不少新兴经济体以及拉美、非洲、东南亚、中东等全球南方国家集中地区或区域组织建立战略伙伴关系。其意图主要是适应冷战后快速变化的国际形势，增强欧盟自身的国际塑造能力，提升欧盟的全球影响力与行动力，从而更好地维护欧盟及其成员国利益并服务西方整体利益。欧盟与新兴经济体构建的战略伙伴关系体现了上述战略需求。虽然在一定程度上欧盟与新兴经济体的相互需求存在契合之处，但是两者间的差异及分歧难以弥合。这使得欧盟与大多数新兴经济体的战略伙伴关系运行并不顺利，乃至遭到多数新兴经济体的诟病。如果欧盟不能客观认知全球主要新兴经济体的发展态势并改变自身的态度，就难以解决与新兴经济体的互信不足和合作僵局等问题。即便欧盟基于阶段性需要，正在努力开辟一些新的战略伙伴关系形式，也难以改变其外部环境的复杂性、尖锐性，更难以在全球竞争中赢得更大的主动性和自主权。

第一节　欧盟与新兴经济体战略伙伴关系的突出特点

欧盟与中国、俄罗斯、巴西、印度、南非、韩国、墨西哥等新兴经济体构建的战略伙伴关系表现不一，产生的国际影响参差不齐，各方满意度也差异较大。这与欧盟同具体新兴经济体战略伙伴关系的设计和意图有关，当欧盟有关举措不能契合双方需求，甚至破坏了双方最低共识或危害到战略伙伴的核心利益，就可能产生消极的后果。反之，若欧盟政策能够妥善协调双方利益，则可能为双边战略伙伴关系发展营造更好的氛围。

第一，欧盟以自身战略需求推动构建与新兴经济体的战略伙伴关系。20 世纪 50 年代，欧洲煤钢共同体、欧洲经济共同体、欧洲原子能共同体主要致力于恢复生产、促进贸易和工业发展，后来逐步向经济一体化组织转型。随着欧共体经济一体化发展，外交、安全等事务也逐步纳入欧共体的发展议程。自 1986 年至 1992 年，欧共体着力推进单一欧洲市场计划，但推动形成共同对外政策的力度和投入有所不足，进而影响到欧共体把握苏东剧变以及冷战结束带来的国际机遇。2003 年，欧盟出台第一个欧洲安全战略，以增强其在维护集体安全方面的反应能力。该战略建议欧盟与世界主要国家及一些重要区域和国际组织建立战略伙伴关系。2006 年，欧盟制定了一个新的贸易战略即“全球欧洲”，以应对来自新兴经济体不断增强的国际竞争压力。在与新兴经济体陆续建立战略伙伴关系过程，欧盟的核心目标包括如下几方面：一是与蓬勃发展的主要新兴经济体进行接触和对话，谋求从对方发展中获得经济、贸易及投资等领域的利益；二是通过建立战略伙伴关系，对双边合作进行规范，推动对方在体制、机制与发展范式上向西方标准靠拢；三是通过与上述主要新兴经济体建立战略伙伴关系，以点带面，对亚洲、非洲、拉美等全球南方国家集中地区施加影响；四是通过协调欧盟成员国立场，推动部分新兴经济体作出具有特定倾向的政策调整，以体现欧盟的外交价值取向。总而言之，欧盟加强与新兴经济体的战略伙伴关系旨在增强欧盟战略自主，以强化欧盟的政策主动性和整体实力。因而，在推进与不同新兴经济体的战略伙伴关系时，欧盟有的以过程为优先关注，有的以结果为优先关注。一旦对方意图超脱欧盟的预期设想乃至给欧盟带来挑战，欧盟就可能主动出手破坏战略伙伴关系。如俄罗斯不愿推进欧盟期待的欧洲化进程，尤其是对欧盟东扩以及北约东扩进行不同程度的抵制，招致欧盟的批判和干涉，进而使得欧盟认定与俄罗斯的战略伙伴关系归于失败。在与俄罗斯交恶并出现能源安全风险后，欧盟又紧急启动与全球南方能源资源富集国的谈判并着手构建原材料战略伙伴关系。

第二，欧盟与不少新兴经济体从援助伙伴关系转向合作伙伴关系。欧盟前身及欧盟历来重视发展援助，早在20世纪50年代就依据《罗马条约》成立欧洲发展基金，以此发展与原殖民地国家的特殊关系。2005年，欧盟将发展援助目标纳入其影响发展中国家政策的核心。2009年，欧盟在对外援助中进一步突出贸易与金融、应对气候变化、粮食安全、移民问题以及发展与安全的相互关系等重点内容。由此，欧盟也明确将官方援助作为对外关系的关键部分，并以此促进与伙伴国家在发展规划和执行方面的密切关系。2017年，欧盟再次承诺到2030年将实现其国民总收入的0.7%用于发展援助的目标。2021年6月，欧洲议会通过了预算周期为七年（至2027年）、总额为795亿欧元的“邻国、发展和国际合作工具——全球欧洲”计划。该计划针对欧洲邻国、撒哈拉以南非洲、亚太、拉美和加勒比地区，侧重改善治理、消除贫困、移民管理、应对环境和气候变化、促进增长和就业、维护和平与安全等议题，涵盖人权与民主、民间社会组织、稳定与和平以及全球挑战等具体项目。目前，欧盟及其成员国已经成为世界上最大的援助方，其年度援助总额占全球官方发展援助的40%以上，其中2020年、2021年欧盟官方发展援助分别为673亿欧元与702亿欧元。除官方援助外，欧盟还支持南南合作、民间社会行动等非官方援助，并且重视联合第三方对特定发展中国家或区域组织等开展协作援助，以提升对外援助的力度和影响力。可以说，数十年来欧盟不断增加对发展中国家的援助金额、调整援助方式以及拓宽援助领域，取得了一定的效果。

当然也要看到，20 世纪 90 年代以来，随着新兴经济体的持续发展，欧盟也在逐步减少对部分新兴经济体的援助。如 2014 年，欧盟委员会决定削减对包括中国、印度、巴西、墨西哥、泰国等 19 个新兴经济体的援助，目的是改变与这些新兴经济体的合作方式。实际上自 20 世纪 90 年代末开始，多数新兴经济体或区域组织在一定程度上虽然依旧看重来自欧盟的发展援助，但是更重视彼此之间的经济、贸易及投资等关系，谋求加强“自主造血”和发展能力。因此，欧盟与不少新兴经济体的合作逐渐转向建立绿色伙伴关系、数字伙伴关系、研究和创新伙伴关系、可持续发展伙伴关系、自由贸易伙伴关系等等，彼此间的合作内涵不断丰富、层次不断提升。对欧盟而言，这无疑是一个利好，因为减少对某些新兴经济体的援助，有助于其收拢对外资源并扩大对其他全球南方国家的援助，进而使得欧盟拥有更大的运筹援助外交的能力。由此，欧盟与有关新兴经济体逐步从援助伙伴关系走向合作伙伴关系。如 1994 年新南非政府成立以来，欧盟持续加大对南非的官方发展援助，这使得 2005 年欧盟官方发展援助占到南非全部外来官方发展援助的 80%。此后，欧盟仍然重视对南非的官方发展援助，即便投入资金总量有所下降，但欧盟仍是南非重要的官方发展援助来源地，如南非自 2021 年至 2024 年获得欧盟 1.29 亿欧元的官方发展援助。对南非而言，欧盟的官方发展援助对消除南非的发展不平衡以及贫富差距等问题意义重大，但欧盟官方发展援助往往通过非政府组织来进行，难以受到南非政府的有效管控，而且容易滋生相关援助资金利用不当及使用效率下降等问题。与此同时，南非与欧盟的经济贸易关系不断发展。双边贸易额从 2012 年的 355.64 亿欧元提升到 2022 年的 555.6 亿欧元，进而使得南非稳居欧盟在非洲最大贸易伙伴的地位，这给南非推进工业化进程以及创造就业机会带来看得见的好处。因而，相比于接受欧盟官方发展援助，南非政府更愿意通过贸易和投资等渠道，深化与欧盟的经济合作，以提升自身的发展韧性。实际上，欧盟委员会 2024 年 10 月也公开表态，在过去五年中，欧盟不断改进其国际伙伴关系，以应对不断变化的地缘政治和地缘经济格局以及日益增多的全球挑战，欧盟与有关合作伙伴已从援助国与受援国的关系转向互惠互利的伙伴关系。

第三，欧盟与新兴经济体的战略伙伴关系大多在双边和区域层面同步推进。欧盟不仅重视与特定新兴经济体的双边战略伙伴关系，而且谋求将双边战略伙伴关系上升至区域合作层面，以此实现战略合作的内涵不断丰富、影响不断扩大。在这个方面，欧盟往往选择那些具有地区或大洲意义的新兴经济体作为战略合作对象。例如，欧盟借助与南非的战略伙伴关系，谋求同步推进欧盟与南部非洲关税同盟以及以非盟为代表的非洲大陆的全方位关系。2016 年 6 月，欧盟与南部非洲关税同盟（包括博茨瓦纳、莱索托、纳米比亚、斯威士兰、南非和莫桑比克）签署了经济伙伴关系协定，这是欧盟与以追求经济一体化为目标的非洲区域组织达成的首个此类协定。该协定虽然以促进南部非洲国家发展为导向，但是也包含欧盟国家产品以更优惠条件进入南部非洲关税同盟的考虑。同时，欧盟还持续借助南非、埃塞俄比亚、尼日利亚等非洲新兴经济体进一步深化与非盟的合作关系，并推出双边联合发展战略。强调欧盟对非合作应采取“团队合作”的方法，协同欧盟机构、欧洲发展融资机构、欧洲出口信贷机构、商业银行和欧盟成员国等力量集体作为，并对接非洲主要国家、非洲次区域组织、非盟，努力实现在双边和多边层面的协作，以深化欧非在贸易、投资、环保、基础设施、能源、卫生、减贫、人权、移民以及打击犯罪等领域的合作。为此，欧盟长期支持非盟的运作及开展活动、支持非洲大陆自贸区的内部谈判与具体实施，2014 年至 2020 年为建立非洲大陆自贸区提供 7400 万欧元资助。

此外，欧盟与巴西自 20 世纪 90 年代以来双边关系稳步发展并于

2007 年建立战略伙伴关系。在此过程中，欧盟注意借助巴西在南方共同市场以及拉共体的突出地位，启动与南方共同市场的自由贸易谈判并加大欧盟与拉共体对话力度。这是因为巴西在拉美甚至全球南南双边合作或三边合作中起到极为重要的引领作用。具体而言，截至 2021 年初，巴西在全球至少 108 个国家开展了 3000 个南南合作项目，共有 120 多家巴西公共和私营机构参与其中。巴西还与部分发达国家联合开展针对全球南方国家的三边合作，进而实现巴西经验与发达国家资源的有效结合，起到更有效的援助全球南方国家效果。

第四，欧盟与各新兴经济体的战略伙伴关系发展水平参差不齐。欧盟与各新兴经济体的相互认知、相互期待不一，因而相互推进和实施战略伙伴合作的举措不一、成效不同、影响也差异较大。

其一，战略伙伴关系表现不一。在欧亚地区，欧盟与俄罗斯建立的战略伙伴关系自 2000 年以来就不断遭遇难题，欧盟 2016 年明确将俄罗斯定位为“关键战略挑战”，2022 年更是视俄罗斯为欧洲安全的“长期直接威胁”，这使得欧俄双方不再互相看作战略伙伴。在韩国、印度及中国等亚洲三国中，欧盟认为其与韩国、印度有着共同的价值观和民主制度，而与中国的战略伙伴关系则共识较低。韩国受地缘政治等因素影响，对欧盟需求较大，这就使得双方合作契合度较高并实现了在经济、政治和安全等三个方面相对牢固的合作，进而促进双边战略伙伴关系日益成熟。当然，欧盟与韩国仍需要为加强双边关系寻找新的驱动力，从而更好地应对共同面临的挑战。对于印度，欧盟认为双边战略伙伴关系近年来发展势头强劲，已经从经济伙伴关系演变为跨领域关系，但考虑到双边关系潜力尚未充分发挥，因而需要深化政治对话、加强政治互信并以此改善和推进欧盟与印度的战略伙伴关系。鉴于中国综合国力、全球地位的不断提升以及影响力不断增强，欧盟也逐步将与中国的战略伙伴关系上升至全面战略伙伴关系。但是随着欧盟的认知变化，其对中国的定位也逐步发生变化，进而给双边关系带来波折。对于拉美地区的战略伙伴关系，欧盟认识到与巴西的战略伙伴关系尽管重要，但面临诸多挑战而且可能面临较长时期的低迷；与墨西哥的战略伙伴关系虽然也面临一些挑战但仍有明显的上升空间。欧盟谋求“重返拉美”并深化与拉美战略伙伴的合作，以加大影响和塑造后疫情时代的世界秩序。在非洲，欧盟与南非的战略伙伴关系曾一度快速发展，但是自 2006 年以来也遭遇不少难题，进而使得双方 2013 年至 2018 年的战略伙伴关系一度出现僵局。究其原因，欧盟认为南非不再能够充当南北方之间的桥梁，而聚焦南南合作，使得南非对外政策中的反西方色彩趋向浓厚。

其二，各方对战略伙伴关系的满意度差异很大。从欧盟与有关新兴经济体建立战略伙伴关系的历程来看，多数情况下都是欧盟主动谋划和设计的。欧盟在推动战略伙伴关系实现早期收益后，往往要求新兴经济体作出更大让步，以便欧盟进一步获取利益。一旦对方不让步，欧盟就可能迟滞合作进程。多数新兴经济体对与欧盟深化经济贸易等合作高度期待，但是对欧盟利用规则和市场的不平等地位来获取更大收益则有所不满，谋求推动欧盟也作出相应的让步，进而为未来务实合作、战略合作创造更好的环境。如巴西、印度等新兴经济体均希望既与欧盟保持战略伙伴关系，又与欧盟达成自由贸易协定，进而提升合作的层次。

第二节　欧盟与新兴经济体战略伙伴关系的突出挑战

20 世纪 90 年代末以来，国际形势发生了前所未有的变化，尤其是新兴经济体集体崛起带动国家间力量对比持续变化，这使得欧盟看到新的希望的同时也面临不断变化的国际压力。通过与新兴经济体构建战略伙伴关系，欧盟不仅改善了国际环境，而且促进了自身发展并提升了对欧洲国家中非欧盟成员国的吸引力。但是在发展战略伙伴关系过程中，欧盟也谋求借助自身实力和地位，努力将自身诉求转化为双方共识或具体行动，并极力把控双方战略合作进程，导致其与不少新兴经济体的战略伙伴关系出现问题。

第一，欧盟对价值观和高标准的追求容易引发多数新兴经济体的不满。欧盟在内部一体化进程中认识到标准的重要性，逐步形成了成熟的内部标准及内部立法。1993 年之后，欧盟进一步认识到作为全球标准制定者的战略重要性，强调这不仅可以提高欧盟的竞争力，而且可以影响全球发展进程以及世界发展道路。因而，设定标准、捍卫标准已融入到欧盟的战略自主和构建战略伙伴关系之中。如欧盟认为，其主导的国际标准不仅有助于促进贸易、提高产品质量和保护消费者权益，还为环境保护和履行社会责任提供了重要支持；欧盟通过在各项法规中引入其主导的国际标准，也可以在很大程度上确保欧盟产品在国际市场的接受度与竞争力。因而，欧盟根据自身的定位和需求，在与新兴经济体建立战略伙伴关系时，往往推动强加西方的价值和理念，涵盖自由、民主、人权、环保等多个方面。这些标准的一个显著特点是要求高且对新兴经济体相对不利，因此也为欧盟弱化或破坏战略伙伴关系埋下伏笔。尤其是近些年来，随着全球地缘政治斗争的激化，欧盟还谋求将地缘政治议题纳入战略伙伴关系，要求巴西、南非、印度等新兴经济体在涉及乌克兰危机、巴以冲突等议题上作出有利于西方或特定一方的表态。一旦新兴经济体或由全球南方国家组成的区域组织、国际组织不配合或不支持包含欧盟在内的西方立场，欧盟就可能作出强有力的反应，其中包括批判、下调合作水平、实施制裁等举措。欧盟的有关做法往往引发相关新兴经济体的不满以及反制。在少数情况下，欧盟虽然对个别建立战略伙伴关系的新兴经济体经济贸易、外交等政策有所不满，但是基于现实需求也可能会采取务实态度，避免一时对抗给欧盟对外关系大局带来冲击。此举虽然维护了欧盟特定时段的利益，但是也容易引发国际社会对欧盟奉行双重标准的质疑。此外，欧盟基于维护自身利益诉求，也通过设置一些高标准，来保护自身经济或产业。如欧盟近期逐渐开始实施的“碳边境调节机制”，对外来商品进口设置障碍，进而引发不少新兴经济体的不满和反对，被视作隐性保护主义。

第二，欧盟的不平等做法损害其与部分新兴经济体的战略伙伴关系。尽管欧盟在大多协议文本以及言辞上都强调发展平等的战略伙伴关系，但是欧盟并没有以真正平等的心态看待一些达成战略伙伴关系的新兴经济体。究其原因：一是多数新兴经济体以往是欧盟官方发展援助的接受方，对欧盟存在着一定程度的依赖，这就导致欧盟作为援助方心态一时难以调整，进而使得部分欧盟机构或官员往往以居高临下的视角看待这些同欧盟建立战略伙伴关系的新兴经济体；二是由于历史原因，欧盟部分成员国不能客观看待作为原殖民地的新兴经济体，打交道时态度较为傲慢；三是一些欧盟机构或驻外使团官员官僚主义气息较为浓厚，在与部分新兴经济体打交道时容易出现颐指气使或拖延办事等现象，进而引发反感乃至敌视。例如，欧盟一些工作人员乃至政客以老眼光看待印度的发展，认为印度对欧盟以及欧洲没有那么重要，进而基于对印度的陈旧印象来推动欧印合作。此外，欧盟部分政客认为来自非洲的移民是负担，不仅排斥来自非洲的移民，而且强硬要求部分非洲国家主动限制民众外流，这引发包括南非在内的不少非洲国家不满和抗议。尤其是 2022 年 10 月，时任欧盟外交与安全政策高级代表博雷利在比利时欧洲外交学院的讲话中，将欧洲比作“花园”，而将世界其他地区比作“可能‘入侵’花园”的“丛林”，更是引发全球南方国家的普遍不满，它们认为“这是种族主义言论，相关言论不仅不恰当而且具有高度的歧视性”。上述欧盟内部的对外言行遭到不少作为战略伙伴的新兴经济体的指责，它们认为“欧盟倡导的战略伙伴关系仍停留在技术层面而没有上升到战略层面”。其根本原因是欧盟在实施与新兴经济体的战略合作时往往表态积极，但作为不够，进而妨碍了战略伙伴关系的深入发展。此外，不少新兴经济体也对外建立了各种形式的战略伙伴关系，并积极开展对外交流与合作。这使得它们虽然对欧盟非常看重，但也不愿意作出无底线的让步。全球化背景下新兴经济体之间的南南合作快速发展，使得新兴经济体拥有了更多的合作选择空间。如印度与30多个国家建立战略伙伴关系，受到越来越多世界大国和中等强国的重视，对外战略合作的选择余地有所增加。

第三，欧盟与部分新兴经济体战略合作存在一定程度的排他性。欧盟对与部分新兴经济体或全球南方区域和国际组织的合作有着自身的战略谋划，其核心是通过达成一定程度的共识和法律协议，推动上述新兴经济体或全球南方区域和国际组织向欧盟靠拢，并成为服务欧盟利益的外部媒介或平台。因而，欧盟一方面深化与这些新兴经济体或全球南方区域和国际组织的务实合作，另一方面则是在上述战略伙伴关系中排斥或挤压部分被欧盟视作威胁或挑战的第三方。这突出表现在地缘政治、全球治理等合作方面。如欧盟在与印度、南非等国家以及与非盟、拉共体、东盟等区域组织举行峰会时，恶意传播所谓的"'一带一路'陷阱"言论，谋求蛊惑上述国家或区域组织改变对共建"一带一路"倡议的积极客观认知，并拉拢他们加入欧盟的"全球门户"计划。欧盟的上述言论虽然有时会出现在其与某些战略合作伙伴的共同声明或新闻发布会上，但是相关新兴经济体或全球南方区域和国际组织往往并不会予以执行。这是因为，绝大多数新兴经济体或全球南方区域和国际组织有着自己的战略利益，对欧盟排斥第三方的恶意举动也有着清醒的认识，并不会真正随着欧盟的节奏起舞。当然，也有少数新兴经济体基于地缘政治、国际秩序博弈等原因，选择与欧盟合作挤压第三方，谋求维护和实现自身的战略利益。

第四，欧盟与某些新兴经济体的战略对话和会晤机制得不到有效落实和长期坚持。欧盟虽然基于战略伙伴关系协议或不成文惯例，与一些建立战略伙伴关系的新兴经济体建立包括峰会、部长级会议、工作层会议等多种形式的对话和会晤机制，但是欧盟基于对现有战略伙伴关系的阶段性或动态性评估，有时并不会认真落实上述对话或会晤机制。如欧盟与巴西、拉共体一段时间以来曾多次暂停举办峰会，其根本原因是欧盟一方面长期以来不重视拉美，另一方面认为巴西或拉共体发生较大变化且这种变化不符合欧盟利益，进而不愿为恢复或推进战略伙伴关系创造条件。印度曾长期与欧盟部分成员国重点发展政治、经济、外交等合作，2005 年与欧盟达成战略伙伴关系，并逐步形成了每年一次的双边峰会机制。然而，2012 年至 2016 年间，该峰会机制并没有得到坚持。欧盟这种忽略战略伙伴关系、只单方面根据自身需求暂停或中断峰会及高层次对话机制的情形，往往会引发作为战略合作伙伴的新兴经济体的不满乃至敌视。对于由此出现的阶段性双边争议或摩擦，不少新兴经济体往往坚持自身立场，持续对欧盟施加压力，以使欧盟作出一定的妥协或让步。如欧盟不在一定程度上恢复对话机制，就可能引发更高强度的摩擦或冲突。在遭到部分作为战略合作伙伴的新兴经济体抵制后，欧盟有可能选择部分让步、不让步但继续举行首脑对话、不让步亦不恢复首脑对话等处理方式。

第五，欧盟与部分新兴经济体的战略伙伴关系受到美国因素影响。欧盟认为，跨大西洋伙伴关系以自由、民主、人权、法治、贸易与经济合作以及安全保障为要，欧盟与美国在塑造以规则为基础的国际环境、加强多边主义和民主价值、捍卫人权、支持国际法、推广基于规则的国际秩序、平等解决冲突以及促进世界可持续发展等方面有着共同价值和根本性一致利益，美国是欧盟最亲密、最重要的战略合作伙伴。20 世纪 90 年代以来，欧盟持续推进与一些新兴经济体的战略伙伴关系，谋求在多极化世界中维持或增强自身力量。但是在推进与新兴经济体的战略伙伴关系时，欧盟不仅要考虑自身的价值和利益，而且也要考虑西方世界面临的国际形势变化以及美国地位变化，因为美国的好恶对欧盟的相关战略选择有着极为重要的影响。如美俄关系自 21 世纪初以来长期紧张，在处理双边关系时美国更关注地缘政治而不是经济利益，进而推动北约东扩并逼近俄罗斯的底线。作为欧洲的欧盟、西方的欧盟以及与北约有着战略关系的欧盟，也相应支持美国的立场并协调欧美对俄政策。对拉美地区中左翼力量不时集体掀起高潮并坚持反美立场，美国往往持批评态度，并将之视为民粹主义浪潮。如美国经常将委内瑞拉、尼加拉瓜等左翼执政拉美国家描述为侵犯民主和人权的对象并加以批判，而对一些传统盟友则采取实用主义态度，这无疑对欧盟产生一定影响。美国对国际贸易的保护主义政策有时也间接影响了欧盟与新兴经济体的合作态势，如当美国采取单边主义措施并对某些新兴经济体实施制裁时，欧盟在一定情况下也配合美国制裁政策，这无疑限制了欧盟与某些新兴经济体的战略合作。

可以说，美国的经济、外交及军事等政策在很大程度上影响到欧盟与新兴经济体的战略合作。为实现互利共赢，欧盟需重新审视与新兴经济体的合作方式，寻求更加独立和灵活的对外策略，以突破外部因素的消极影响，进而完善欧盟的全球布局。

第三节 欧盟与新兴经济体战略伙伴关系的未来走向

战略伙伴关系是欧盟外交与安全战略的一个重要工具，有助于欧盟捍卫其全球利益并增强全球影响力。当前，面对与不同新兴经济体的复杂战略伙伴关系，欧盟也处于较为艰难的境地。欧盟一方面对部分新兴经济体显示敌意或主动制造麻烦，进而给现有的战略伙伴关系带来严峻复杂挑战；另一方面又谋求与部分新兴经济体或全球南方区域和国际组织加强战略伙伴关系，以稳固及扩大对全球南方的影响。新兴经济体与全球南方区域和国际组织对欧盟乃至世界的认知持续发生变化，在与欧盟打交道时越来越自信，因而欧盟相关举措可能面临一定的挑战。

第一，欧盟谋求完善与新兴经济体的战略伙伴关系理念。长期以来，欧盟与新兴经济体以及全球南方区域和国际组织等建立越来越多的战略伙伴关系，但是相关表现并不乐观。这与欧盟将战略伙伴关系标签化以及实行“挂羊头卖狗肉”的策略有着密切联系，欧盟与新兴经济体构建战略伙伴关系的立足点和出发点都是服从服务于欧盟利益。在情况有利时，欧盟谋求通过深化合作，最大限度地获取战略伙伴关系实利；在面临风险或挑战时，欧盟往往谋求政策上的倒退，以实现趋利避害，抑或通过压制、反制等手段获取竞争优势，进而切实维护自身利益。这种做法在国际形势深刻演变、国家间关系复杂变化的情况下破坏了欧盟形象。欧盟需要进一步认清世界发展大势，跳出陈旧的价值观和意识形态窠臼，客观看待世界各国对发展模式的新探索并对不同价值观和文化予以更多的包容，进而促进与全球南方深化理解和互信并为未来双方的深层次合作夯实思想基础。这与时任欧盟外交与安全政策高级代表博雷利 2021 年强调的，“欧盟有必要建立更强大、更具多样性和更具包容性的伙伴关系”相一致。此外，美国史汀生中心中东北非项目非常驻研究员戴斯理·卡斯特 2023 年 10 月指出，欧盟需要伙伴关系才能生存。在一个碎片化、多极化关系复杂发展，发展中国家日益自信的世界，欧盟需要对于建立何种战略伙伴关系有着更加清晰的认知。欧盟需要基于平等和对话的理念，在成员国和欧盟层面加大对战略伙伴关系的投入，这其中包括通过真正照顾对话伙伴合理关切来显示善意。欧盟必须以无附加政治条件的、非新殖民主义的、统一的方式重新定义战略伙伴关系。

但是也要看到，随着欧盟将安全置于对外政策的核心，高度强调和泛化地缘安全、经济安全以及价值观安全，欧盟在外交行动中的进取性日益凸显。尤其是部分新兴经济体越来越感觉到欧盟在发展战略伙伴关系时的实用主义乃至机会主义，对欧盟标榜的道德和价值观予以更多的批评。欧盟能不能超越价值观差异，基于真正的相互平等、相互尊重，实现包容共存，实现不同文化和文明的共同发展与共同繁荣，将直接影响到欧盟与全球不同文明的相互关系以及其对不同发展道路的认知和相处。这同样关系到欧盟能不能完善自身的战略伙伴关系理念以及提升战略伙伴关系的互利性。

第二，欧盟需妥善处理与现有新兴经济体的战略伙伴关系。在欧盟与巴西、印度、南非、墨西哥、韩国、俄罗斯、中国七个新兴经济体的战略伙伴关系中，除与韩国外基本上都面临不同程度的难题，尤其是与俄罗斯的战略伙伴关系名存实亡。尽管欧盟对印度、巴西、南非、墨西哥等国表达了进一步发展战略伙伴关系的意愿，但是相关国家并不积极，同时还围绕贸易保护主义、气候变化、劳工标准等议题要求欧盟作出更多的让步。由于欧盟内部决策机制日益复杂化，影响欧盟决策的内外因素越来越多，加上欧洲议会政治的碎片化，欧盟对于推进战略伙伴关系的意愿越来越难以转化为具体的战略或决策。欧洲议会不同政党、政客、民间社会、外部游说团体等持续发力，竭力影响欧洲议会的辩论与决策进程，进而使得欧洲议会在讨论相关涉及战略伙伴关系的重大议题时更为谨慎。因而，欧盟能不能通过内部沟通与对话，发挥欧盟民间力量促进共识的作用，客观认识内部发展问题与对外关系，形成改善与部分新兴经济体战略伙伴关系的共识，将直接关系到欧盟对外战略选择。此外，欧盟受美国因素影响在改善与部分新兴经济体关系时也面临压力。如果欧盟不能坚持战略自主，以多极化世界一员的身份来看待国际形势变化、国际秩序博弈，无疑就难以为其改善与部分新兴经济体的战略伙伴关系创造条件。鉴此，如果欧盟不能坚持战略自主，客观认识和看待新兴经济体的发展及利益诉求，适当照顾新兴经济体的利益，就难以改善与新兴经济体的战略伙伴关系。

第三，欧盟可能扩大建立与全球南方国家或全球南方区域和国际组织的战略伙伴关系。在这个碎片化与多极化同步发展的世界，欧盟如何定位自身以及如何处理与全球南方国家或全球南方区域和国际组织等的关系影响其未来的全球地位和作用。考虑到欧盟短期内难以有效改善与现有一些新兴经济体的战略伙伴关系，欧盟将坚持对外构建战略伙伴关系的意图，继续与其南部邻国以及更广泛的全球南方国家建立新的伙伴关系。如 2024 年 3 月 17 日，欧盟与埃及同意将双方关系提升到基于公平价值观以及相互尊重和信任的战略与全面伙伴关系水平。双方明确将深化具体领域的合作，如政治、宏观经济稳定、投资和贸易、气候变化、移民、安全及人力开发等，以释放双边关系更大潜力。与全球南方国家构建新的战略伙伴关系不仅是欧盟对外政策调整的重要组成部分，也是其回应国际形势变化、国际秩序博弈的重要举措。为切实解决欧盟在地缘政治、能源和原材料供应以及深化与全球南方国家关系等方面遇到的问题，欧盟已经在探索与部分新兴经济体或发展中国家构建多种形式的战略伙伴关系。

第四节　总结

20世纪90年代以来，欧盟与新兴经济体发展战略伙伴关系既有其主动接触和推动的一面，也有新兴经济体响应和配合的一面。但是欧盟与部分新兴经济体的战略伙伴关系并非如欧盟所说的那样都有着共同的价值观、文化基础以及共同的战略目标，而是有各自的利益诉求和阶段性目标。因而，欧盟与一些新兴经济体的战略伙伴关系发展并不平稳，有些只是满足短期政治需要而缺乏战略色彩，有些表现为初期发展快速但很快遭遇瓶颈，有些则走向了重大危机。与此同时，欧盟继续深化跨大西洋战略伙伴关系，谋求通过强化西方阵营内部的合作，捍卫欧盟的整体利益。此外，欧盟还积极探索与全球南方其他国家或区域和国际组织等构建新的战略伙伴关系，力争在力量日益碎片化、矛盾日益尖锐的世界中巩固和提升自身影响力。

随着当前国际形势的持续深刻复杂变化，欧盟原有的战略伙伴关系理念、设计都面临一定的挑战，需要加速变革以适应新的形势。欧洲一些政治理论家已经认识到上述问题，呼吁欧盟必须超越短期利益以及西方中心主义思想，尊重不同国家、区域和国际组织等对发展道路的探索、对国际秩序演变的诉求以及对人类政治文明的贡献，以高度的包容性对待新的思想理念和实践，而不是一味基于自身价值观和利益来处理与全球南方尤其是与战略伙伴的关系，否则欧盟将难以适应快速变化的国际形势。欧盟虽然也提出推进新一代战略伙伴关系的设想，以期在国家间关系复杂变化的情况下，阶段性围绕务实议题开辟新的战略合作路径。但是鉴于欧盟内部日益复杂，尤其是欧盟机构、欧洲议会政党党团、成员国政府以及民间社会等不同力量都竭力参与或影响欧盟决策进程，欧盟内部决策的博弈日益复杂、决策的狭隘化日益明显。更为严峻的是欧盟部分政客还将价值观提升到战略合作的极为重要位置，主张同所谓的“志同道合对象”加强伙伴关系。为保持竞争的优势，欧盟还谋求继续将高规则、高标准作为合作规范，以期获取持续的竞争优势。同时，部分全球南方国家或全球南方区域和国际组织虽然对欧盟递出的战略伙伴关系橄榄枝表现出浓厚的兴趣，但是也有所保留，争取最大程度的趋利避害，避免被带入被迫“选边站”的境地。这些都给欧盟拓展战略伙伴关系带来新的难题。目前来看，欧盟未能坚持战略自主，在许多涉及全球南方利益的问题上积极配合美国，难以切实推动欧盟在与部分全球南方国家或全球南方区域和国际组织构建新的战略伙伴关系中实现真正的突破。由此，欧盟对新兴经济体的战略伙伴关系短期化、实用化、投机化表露无遗，这无疑将极大地影响欧盟的全球战略伙伴关系设计以及欧盟运筹国际关系的能力。

第三章　欧盟着力激活与巴西的全面战略伙伴关系

20 世纪 90 年代后期，欧盟逐步改变对巴西的看法，视巴西为拉美地区乃至全球的重要合作对象，并将巴西上升为战略合作伙伴，但是欧盟与巴西双边战略伙伴关系在发展过程中遭遇不小的挑战，乃至出现停滞情况。究其原因，不乏双方以自身利益和战略为要、不愿单方面作出让步的因素，也不乏双方不平等关系带来的现实隔阂因素。在经历一段时间的停滞乃至倒退之后，当前欧盟与巴西双边战略伙伴关系迎来新的发展窗口期。但是考虑到双方的现实分歧，欧盟与巴西双边战略伙伴关系改善的空间仍相对有限，难以实现重大突破。展望未来，欧盟与巴西战略伙伴关系或存在较大的改善空间，但可能难以达到双方期待的水平与层次。如果欧盟不能克服内部困难，主动作出战略让步，照顾巴方利益，双边战略伙伴关系就可能难以跨过难关，并导致巴西进一步“向东看”和重视推动南南合作，以维护多极世界深入发展背景下的巴西利益。

第一节　欧盟与巴西双边关系发展历程

二战结束后，西欧国家及后来的欧盟前身组织与巴西稳步发展双边关系。随着地区和国际形势的深刻演变以及巴西现代化进程的演进，欧盟逐步认识到巴西的重要性，并推动建立与巴西的战略伙伴关系，但双方优先议程的不一致导致欧盟与巴西相互关系经历一些挫折。尤其是双方尽管在宣传上相互肯定对方，但在实际行动中并未采取对方期待的政策或行动，进而未能实现彼此战略诉求。

第一，二战结束后，欧盟与巴西双边关系的新发展期（20 世纪 60 年代至 90 年代初）。自 16 世纪起，欧洲殖民者就陆续来到拉美地区并建立殖民地，由此使得巴西与欧洲形成难以分割的历史、经济和文化联系。1822 年巴西宣布独立后，与部分欧洲国家陷入了复杂关系之中。在较长时期内，由于地处美国的“后院”，巴西往往追随美国的全球政策。对一战，巴西兴趣不大，对欧洲的动荡也关注不多。二战时，受美国影响，巴西成为南美洲唯一一个参战的国家，并为反法西斯斗争作出一些积极贡献。1958 年欧洲经济共同体成立后，西欧国家更多聚焦内部事务，而相对疏远拉美地区。对于欧洲经济共同体的成立，巴西非常感兴趣，但也担心本国对欧洲的出口受到影响，因为当时德国和意大利是巴西的主要贸易伙伴。1960 年，巴西成为第一个与欧洲经济共同体建立外交关系的拉美国家，这促进了双方政治、经济、文化等多方面合作。1961 年，欧洲原子能共同体与巴西签署协定，谋求在和平使用核能上进行合作。20 世纪 70 年代，全球性石油危机使西欧国家深陷经济困境，欧共体需要寻找新的能源供应来源以及贸易投资机会，这推动欧共体与巴西签署了一系列商业协定。这其中包括 1973 年的欧共体与巴西非优惠贸易协定、1977 年的欧共体与巴西纺织品协议以及 1980 年的新框架合作协议（欧共体加强与发展中国家关系的一系列协议）等。当时，欧共体与巴西致力于通过取消所有的非关税和关税壁垒，促进双边贸易关系发展。同时双方也谋求加强科技、能源以及农业等领域的合作，并为双方相互投资创造更好的环境。双方还建立联合委员会，以推进和监督各领域合作。在此背景下，欧共体成员国也陆续与巴西签订商业协定。较为紧密的关系推动欧共体与巴西贸易关系得到较好发展，如早在1976年欧共体就成为巴西最大的出口目的地，吸收了巴西30%的出口商品。1985年巴西军政府执政结束后，加速推进拉美一体化进程，并与古巴等国恢复外交关系。尽管巴西的国内政治发生较大变化，但是对外贸易政策并未发生明显变化。随着巴西在20世纪90年代初产生第一个民选总统并实行更为开放的贸易政策，推进贸易自由化进程，巴西与欧共体的务实合作取得一定突破。1992年，欧共体与巴西签署《框架合作协定》，目的是促进双边贸易并实现各自贸易伙伴的多样化。1992年《马斯特里赫特条约》的通过及之后欧盟的成立亦为双边进一步深化合作创造了更好的条件。

第二，双边关系调整改善期（1994年至2007年）。随着1993年欧盟的成立以及共同的外交与安全政策逐渐形成，欧盟对外交往与合作进入新的时期。只是当时欧盟的关注点还集中在周边国家，谋求实现自身的扩员以及对欧洲其他地区影响力的提升，巴西尚未能被列为主要合作伙伴。不过，这并不妨碍欧盟与巴西双方继续推进各领域合作，如1995年欧盟与南方共同市场签署框架协议，巴西作为南方共同市场的重要成员，无疑也享受到相关合作协议带来的利好。由于20世纪90年代以来国际形势的持续变化以及全球热点议题多集中在亚太、欧洲以及非洲地区，巴西仍未被列入欧盟的优先外交方向，尤其是2003年欧盟发布《一个更美好世界中的安全欧洲：欧洲安全战略》更是明确指出欧盟需要同日本、中国、加拿大、印度以及那些与欧盟享有共同目标和价值观的国家建立战略伙伴关系并获取这些国家的支持。2004年，欧盟与南方共同市场因农业和工业品市场准入分歧严重而终止谈判。同时当时的巴西卢拉政府也逐步转向更为积极的外交政策，尤其是重新定位巴西与全球南方的关系并加强与全球南方的合作；深化与南美国家共同体的合作，致力于推进地区基础设施一体化。欧盟对巴西外交政策的新动向予以关注，不断向巴西表达一定的善意及合作意愿。欧盟此举既表明对巴西的重视，也希望巴西作出一定的积极回应，以推动双方关系取得新进展。在此背景下，欧盟与巴西双方不断深化彼此关系。如 2004 年，双方签署《科技合作协定》。2005 年，时任欧盟委员会对外关系委员弗雷罗-瓦尔德纳访问巴西，开启了欧盟与巴西高层交往的新阶段。2006 年，时任欧盟委员会主席巴罗佐访问巴西，目的是为双边关系注入新的活力，并促进双边合作。2007 年，欧盟委员会在向欧洲理事会和欧洲议会提交的报告中指出，“巴西日益成为重要的全球力量以及欧盟的核心对话伙伴，但是欧盟与巴西的对话机制还没有得到很好的开发，目前双边关系仍主要通过欧盟与南方共同市场对话渠道来进行，现在是时候将巴西看作战略伙伴以及拉美主要经济体和地区领袖了”。同年，在首届欧盟与巴西峰会上，双方宣布建立全面战略伙伴关系。这一关系在当时涵盖的议题十分广泛，包括加强多边主义，谋求通过以强大的联合国为中心的多边框架来解决全球性挑战；实现联合国千年发展目标，以促进巴西和南美洲发展；加强环境保护，以应对全球气候变化；加强能源合作，促进能源安全和可持续发展；促进拉美地区稳定与繁荣；等等。为促进欧盟与巴西的战略合作，双方还进一步推动彼此的战略对话。由此，欧盟与巴西的双边关系达到一定高度。当然，也要看到卢拉第一任期内，尤其是 2003 年至 2006 年，欧盟与巴西还存在不少的龃龉，其核心是围绕多哈回合谈判的较量以及围绕欧盟与南方共同市场谈判的争议。

第三，双边战略伙伴关系构建后的波折发展期（2008 年至 2018 年）。随着欧盟正式与巴西建立全面战略伙伴关系，双方共同实施了 2008 年至 2011 年第一个联合行动计划，促进了双边经济贸易关系快速发展。2009 年，欧盟成为巴西最大贸易伙伴，双边贸易额占巴西当年对外贸易总额的 22.5%；巴西也成为欧盟最大的农产品进口来源地，来自巴西的农产品占欧盟当年全部进口农产品的 12.4%。欧盟对巴西投资虽然因为欧元区危机没有达到联合行动计划预设的目标，但是巴西 2008 年至 2012 年吸引外资的 50%仍然来自欧盟。随着 2008 年国际金融危机的爆发以及此后欧债危机的爆发，欧盟内部问题有所激化。与此同时，巴西经济的快速恢复受到国际社会广泛关注，加上巴西在

2009 年加入金砖国家合作机制并拥有了更大的国际话语权，其对欧盟的重要性有所上升。因而欧盟着力加强与巴西的战略合作，谋求以此推动解决一系列双方共同感兴趣的地区和全球问题。但此后，欧盟与巴西的全面战略伙伴关系出现一定波折，其突出表现包括欧盟与南方共同市场的自由贸易谈判长期停滞，即便在 2010 年得到重启也仍踟蹰不前，引发包括巴西在内部分南美国家的不满。巴西国际地位的不断提升以及外交政策更加倾向全球南方，使得巴西对欧盟的需求有所下降，进而使其更有能力和信心对欧盟的一些不公平、不公正做法进行反制。此外，欧盟与巴西年度峰会虽然持续召开，双方也多次申明谋求推进民主和法治、促进解决气候变化、能源安全、可持续发展等问题以及推动联合国改革，但是很多合作仍停留在纸面上。这导致巴西对欧盟产生一些消极认知，认为欧盟并不是真正有意回应巴西的关切，而只是利用巴西来实现欧盟的地区和全球利益。2011 年，巴西劳工党候选人罗塞芙在出任总统后，参加了当年的欧盟与巴西峰会，双方决定实施 2012 年至 2014 年第二个联合行动计划，以应对环境危机、促进世界和平、推动联合国改革以及加强技术创新领域合作。第二个联合行动计划没有引入更多的新内容，也未能得到很好落实。此外，由于双方对多边事务看法的分歧增多，双方的年度峰会机制也未能得到很好的坚持，如 2012 年、2015 年峰会没有举行，但是部长级会晤或工作组会议则有所增多。基于巴西经济发展水平以及欧盟对外援助情况，欧盟 2014 年决定削减对巴西的经济援助。2016 年，特梅尔接任巴西总统后，由于其面临较为激烈的国内政治纷争，因而对欧盟的重视相对较弱，重点放在推动南方共同市场与欧盟的自由贸易谈判。2018 年，巴西民粹主义政客博索纳罗赢得总统选举，这为欧盟与巴西带来新的变数。

第四，双边关系挫折与调整期（2019 年至今）。巴西右翼总统博索纳罗 2019 年就任后，对巴西外交政策作出较大调整，尤其是放弃多边主义承诺并退出一些多边协议，进而带来较为严重的后果，如退出移民问题全球契约、退出拉共体、公开威胁退出南方共同市场及气候变化巴黎协定等。在国内发展方面，博索纳罗政府主张经济发展优先于环境保护，着力加快推进开发亚马孙雨林并削减环保投入。上述政策引发欧盟及其部分成员国的不满与指责，一些欧盟成员国还因亚马孙雨林开发问题不同意签署欧盟与南方共同市场自由贸易协定。对此，博索纳罗不仅不认可，还认为这是对巴西内政的不当干涉，并为此进行了反击，这些都使得欧盟与巴西关系趋向紧张。虽然欧盟与博索纳罗政府争吵不断，但是双边的一些对话也并未完全中断，如 2019 年欧盟与巴西先后举办第八次人权问题高级别对话、第十一届数字经济对话，2020 年欧盟与巴西先后举办第七次高级别政治对话、第九次人权问题高级别对话，2021 年欧盟与巴西举办第二届数字经济与创新会议等。2021 年，时任欧盟外交与安全政策高级代表博雷利访问巴西，会见博索纳罗等巴西高官。此外，欧盟重视支持巴西抗击新冠疫情，并从欧盟、欧盟成员国以及欧洲金融机构筹集资金和物资，共给予巴西 70 项总额为 2260 万欧元的抗疫援助，还提供了 6.35 亿欧元的贷款。2022 年，在卢拉再次赢得总统选举并发出改善对外关系的积极信号后，欧盟也作出积极回应，谋求重新激活与巴西的战略伙伴关系。如 2023 年年初，博雷利对卢拉当选总统表示祝贺，强调在当前形势下世界需要巴西，巴西可以有所作为，欧盟与巴西的共同行动可以成为一股改善性的世界力量，双方也需要重振战略伙伴关系。2023 年，欧盟委员会主席冯德莱恩首次访问巴西并会见卢拉，她指出“现在是将双边战略伙伴关系提高到一个新阶段的时候了”。冯德莱恩承诺支持巴西的可再生能源发展以及反对砍伐森林项目，并宣布为巴西亚马孙基金提供 2000 万欧元的资助。欧盟还支持巴西参与其“全球门户”计划，并计划为巴西提供 20 亿欧元资金，用于支持巴西绿色生产和提高工业能源效率。

经过数十年发展，欧盟与巴西在经济贸易等领域取得较多合作成果。如欧盟是巴西最大的投资来源地以及第二大贸易伙伴，2024 年双边贸易额为 895 亿欧元，其中巴西顺差为 24 亿欧元。但是对于巴西市场的潜在壁垒，欧盟也不时表达不满，如指责巴西不愿意遵守更为严格的环境法规、设置了大量的非关税贸易壁垒，使得巴西成为对欧盟具有一定挑战的经济贸易合作伙伴。

第二节 欧盟与巴西战略伙伴关系的特点

长期以来，欧盟与巴西从贸易伙伴关系逐步发展为全面战略伙伴关系。21 世纪第一个十年，欧盟基于自身需求将巴西发展为全面战略伙伴，但是无论是从双边还是多边层次来看，双方现实主义政策取向使彼此之间的差异和分歧都变得难以回避。而欧盟在双边关系中的“规则制定者”与“批评者”形象，也使巴西日益感到不满，加深了巴西对双边关系不平等的愤懑，并谋求推动欧盟作出让步，以实现双边关系走向真正的平等互惠。

第一，基于区域合作框架的多边合作与双边合作并重，但效果相对有限。冷战结束后，随着欧盟对外关系的不断拓展以及全球竞争的加剧，欧盟对拉美地区的重视有所增强。从区域合作来看，欧盟谋求从整体上加强与拉美地区的关系，并强调欧盟和拉美地区共有约 60 个国家，在联合国 193 个成员国中占有重要的位置，其中还有 7 个国家是二十国集团成员。这些国家在促进可持续发展、应对气候变化、保护生物多样性、推动自由与公平贸易等方面可以发挥重要作用。在当今充满各种形式风险与挑战的世界中，欧盟与拉美地区都认识到彼此合作的重要性。但是一段时间以来，欧盟与拉共体峰会召开时间很不规律，2023 年之前更是有 8 年时间不曾开会。欧盟对南方共同市场虽然予以高度重视，并在 1995 年与南方共同市场签订区域性合作框架协议，但此后双方以协议为基础开始了长达 20 余年的自由贸易谈判，其间双方谈判进程缓慢且迟迟不能达成最终协议。欧方还将谈判失败的原因归咎于巴西的森林砍伐，巴西对此十分不满。从双边合作来看，欧盟与巴西在2007年建立全面战略伙伴关系，但是长期以来双边峰会并没有有效解决问题；巴西与欧盟成员国的相互关系也差异较大，其中葡萄牙作为巴西原宗主国，基于历史、语言和文化等原因长期以来对巴西保持善意，并积极推动巴西与欧盟双边关系，扮演了重要的中间人角色，因而获得了巴西的重视。但是也有部分欧盟成员国对巴西内政和外交事务动辄指手画脚，引发不少的“口水战”或外交纷争。

对欧盟来说，其对巴西乃至拉美地区的重视都是源于自身利益需要，无论是扩大全球经济贸易关系、影响全球治理进程还是寻求新的矿产能源供应地、排斥其他大国在拉美的影响力等均不例外。欧盟与巴西全面战略伙伴关系的经常性波动也往往由于其对包括巴西在内的拉美地区的认知变化而发生。尤其是欧盟以政治意识形态来评价拉美地区国家的自由、民主和人权状况，以及附加额外的条件来推进自由贸易协定谈判，更是引发包括巴西在内不少拉美地区国家的反感。对于欧盟基于多边或双边框架强行“夹带私货”、意图迫使巴西和其他拉美国家为欧盟的地区或全球利益背书的行为，巴西等部分拉美国家也保持谨慎态度。如对欧盟所谓“重返拉美”，包括巴西在内的部分拉美国家虽然表示一定程度的欢迎，但是也担心欧盟只是意在获取关键矿产而不是真心实意帮助拉美实现可持续发展。

第二，欧盟重视巴西作为全球南方重要成员和新兴经济体的地位，谋求推动全球议程合作。冷战结束以来，尤其是21世纪以来，欧盟认为新兴经济体的集体崛起改变了传统的国际权力格局和全球治理模式，也影响到多极化进程和全球秩序演变。欧盟对于全球南方影响力上升背景下的巴西予以更多重视，并谋求通过全面战略伙伴关系来推进多层次的战略合作，进而在多边框架下推进共同感兴趣的议程，以维护欧盟的全球利益。与此同时，自20世纪90年代后半期以来，巴西越来越多地与全球南方联系在一起，积极参与南南合作，使得巴西的对外政策、贸易合作、国际协作等具有更为浓郁的“南方色彩”，其中包括从受援国转为援助国，外交议程侧重拉美、非洲以及其他新兴经济体等。巴西高度重视多边主义，并谋求通过多边机构、双多边协调等渠道展现其国际行动力和影响力。尽管这一进程曾被博索纳罗任期打断，但长期趋势并未改变。

然而，由于欧盟与巴西的实力对比、关注方向、利益取向等差异，巴西在全球南方框架下的有关立场与欧盟并不一致，这也时常引发欧盟的担忧和不满。如在国际格局上，欧盟与巴西虽然都认为当前世界多极化成为趋势，但是双方对多极化演进的背景、逻辑认知不一，因而各自的应对策略有所差异。其中，欧盟虽然认识到世界多极化在发展、欧盟的国际地位和角色在不断发生变化，但是仍坚持跨大西洋联盟以维持西方主导地位；巴西则基于自身立场，认为国际秩序的不平等发展带来了很大的不稳定性和不确定性，因而积极推动联合国改革。在多边主义上，巴西对欧盟一方面哀叹多边主义衰弱和批评单边主义，另一方面又实施“碳边境税”感到不满，认为欧盟对某些环境标准的坚持实际上是在推行保护主义，进而为自由贸易制造障碍。巴西还对欧盟以阻止砍伐森林为诉求、迟滞与南方共同市场的自由贸易谈判进程感到愤慨，认为其无法胜任全球经济治理的标准制定者与监管者角色。在气候变化议题上，巴西坚持全球南方秉持的“共同但有区别的责任”原则，2023年，卢拉更是明确提出发达国家要在应对气候变化议题上承担更大的责任。此外，欧盟对巴西作为金砖国家成员国积极参与金砖国家活动并推动金砖国家在全球治理中发挥更大作用感到担忧，因为某些欧盟候选国基于对欧盟的不满可能将金砖国家看作欧盟的替代品，部分国际舆论还认为金砖国家可能取代七国集团。

当然，欧盟与巴西在南北合作框架内也有很多的合作议题，包括反恐、能源安全、数字经济、绿色发展等。毕竟作为具有全球影响力的重要力量，双方均面临诸多共同的国际难题和挑战。因而，欧盟及其成员国在卢拉再次当选总统后谋求与巴西进行对话，意图基于共同责任以及一致行动来促进全球治理。

第三，全球大国竞争促使欧盟加大对巴西的重视，但效果差强人意。近些年来，大国竞争进入新阶段，竞争的领域不断扩大、烈度不断上升。尤其是第四次工业革命演进历程与大国竞争如影随行，使得大国竞争更加复杂和尖锐。越来越多的国家或主动或被动地卷入到大国竞争之中，多数国家往往根据自身利益来决定对大国竞争以及特定大国间竞争事件的看法。受上述复杂因素的影响，欧盟一方面自身成为大国竞争的“战场”，另一方面又“被”卷入到一些争议性很强的地区和国际事务之中，此外欧盟也主动介入一些地缘政治热点事务，参与大国竞争，这些都使得欧盟必须谋求通过长期战略合作或临时策略性合作来扩大国际伙伴。如在欧盟东部安全问题上，欧盟既与北约进行深入合作，也竭力争取包括巴西在内大多数全球南方国家的支持。虽然部分拉美地区国家基于历史关系、共同价值以及外界压力等原因予以欧盟一定的支持，但是也有不少拉美地区国家坚持独立自主，要么不选边、要么选择不支持欧盟。为加强供应链安全，欧盟也加入对拉美重要矿产和能源的争夺之中，这一方面可能会损害部分域外大国在拉美地区的利益，另一方面也会激发包括巴西在内部分拉美国家的新思考、新认识，即欧盟所谓的“重返拉美”到底是为了谁？拉美地区国家应该抱有什么样的态度？美国对拉美地区国家的态度也影响到欧盟与巴西的关系，原因在于美国历来认为拉美是其传统“后院”，但是随着拉美地区国家中左翼政府的不断出现，地区国家对独立自主的诉求增多，不少拉美地区中左翼执政国家选择对美保持一定距离，这无疑引发美国的新疑虑，甚至作出一系列干涉地区中左翼执政国家的举动。欧盟作为美国盟友，对美国的拉美政策总体支持，还注意与美国协调对部分拉美中左翼执政国家采取打压措施。上述行动在一定程度上引发部分拉美中左翼执政国家的不满或敌视，进而引发拉美中左翼执政国家与欧美的激烈博弈。此外，对于世界各主要力量纷纷加大对非关系以及争取非洲支持，欧盟也谋求与巴西一道协作在非洲开展三方合作，从而深化与非洲葡语国家的关系。

第三节　当下巴西对发展与欧盟全面战略伙伴关系的期待

巴西作为拉美第一大国，其对欧盟的战略谋划和战术行动不仅体现了巴西的外交智慧，而且在一定程度上体现了部分拉美国家乃至拉美地区的诉求。卢拉第三次就任总统后，已经向欧盟发出积极信号并获得欧盟正面响应，这无疑为欧盟与巴西战略合作营造了良好的氛围。同时，欧盟不少成员国领导人也对卢拉政府外交政策表示期待，并认为卢拉新政府将开启欧盟与巴西关系的新篇章，强调这有助于促进提升欧盟成员国与巴西的双边关系，并推动欧盟与巴西在应对气候变化、全球经济发展以及保护地球自然资源等方面的合作。但是也要看到，卢拉领导下的巴西基于“拉美的巴西”以及“世界的巴西”两大重要定位，有着积极的外交战略及对欧规划，不大可能完全追随欧盟的外交政策，因而巴西对欧盟的一些重要诉求值得关注。

第一，建立更公平的战略伙伴关系。从欧盟与巴西双边关系来看，双方均不是对方的外交优先关切。当前，巴西与欧盟发展双边关系的内外环境虽然有所改善，但是仍存在不少阻遏双边战略合作的问题。究其原因，欧盟虽然赋予了巴西全面战略伙伴的身份，但是并没有给予巴西应有的全面战略伙伴待遇。尤其是除了各个级别的会议和对话以及基于欧盟利益的援助外，欧盟并未从内心认同巴西的平等地位。欧洲议会 2023 年 4 月也提出质询，“鉴于巴西现任政府似乎倾向于加强与其他新兴经济体的双边交流，在此情况下欧盟委员会将如何定位自己，以加强与巴西的战略伙伴关系?”目前，巴西公开反对欧盟的威胁或制裁，认为这不是战略伙伴关系的天然内涵。巴西对欧盟持续以人权等议题批评本国，对欧盟未能与巴西达成相应的自由贸易关系以支撑全面战略伙伴关系、对巴西因与国外合作伙伴协议使用本币交易而被指责“去美元化”等感到不满。对于欧盟“重返拉美”以及寻求更多的矿产和能源供应，巴西既表示一定欢迎也显示出一定疑虑，认为这是欧盟基于地缘经济以及大国竞争作出的利己行动，并非意在互利共赢。为此，巴西希望欧盟能够认真看待拉美与欧盟关系的历史渊源以及欧盟与巴西全面战略伙伴关系，采取切实措施以纠正殖民主义遗留问题和奴隶制导致的历史不公；希望欧盟尊重包括巴西在内的拉美国家的发展道路，避免只根据自身价值规范肆意评价乃至干预拉美地区国家的发展道路；反对欧盟通过制造新的保护主义（对自由贸易谈判附加更高的环保要求、实施“碳边境调节机制”等），妨碍包括巴西在内拉美地区国家的对欧出口。

第二，协作推进绿色发展。卢拉第三次就任巴西总统后，延续以往任期的施政战略，积极推进绿色发展以及改善本国基础设施。2023年8月，卢拉推出一项总额约为3500亿美元的加速增长战略，并计划通过公共和私营部门协作的方式，促进巴西的生态转型和绿色发展。卢拉强调，到2026年其任期届满时该计划将注入2640亿美元投资并创造400万个工作岗位。为配合实施相关计划，巴西政府将修改碳市场有关法规以及发行绿色债券，以吸引国内外投资者。卢拉政府还谋求到2030年实现亚马孙热带雨林零滥伐，并主持召开关于亚马孙热带雨林的《联合国气候变化框架公约》第三十次缔约方大会。在这方面，由于国际投入还不够，尤其是发达国家承诺的1000亿美元支持仍未到位，因而面临较大困难。但是卢拉政府相信，如果采取了正确的议程并重新平衡国家财政收支，巴西将可以再现前两届卢拉政府施政业绩并实现快速发展。对于巴西加强环保和推进绿色发展，欧盟在一定程度上予以支持，助力巴西从新冠疫情带来的冲击中恢复经济发展、促进社会团结。2023年欧盟“全球门户”计划还为巴西注资，推动实施保护热带雨林、遏制滥伐森林，推进可持续发展和智慧城市建设，以及为实现向数字化转型发展5G基础设施等。卢拉政府虽对欧盟的相关支持表示感谢，但是并不认同欧盟对巴西环境保护不力的谴责以及以此为借口迟滞欧盟与南方共同市场的自由贸易协定谈判，因而呼吁欧盟放弃保护主义立场。同时对具体的欧盟成员国，巴西也根据实际情况继续深入做工作，积极争取扩大双边经济、贸易、投资、环保等合作，以强化巴西可持续发展势头。

第三，强化基于全球南方的战略自主。巴西长期以来奉行不结盟和不干涉政策，谋求维护国家主权和独立。作为全球南方以及新兴经济体的重要代表，巴西尽管因为内部政治变化和领导人更替，曾短暂改变对外政策，但是总体坚持外交自主。在全球范围内，巴西作为金砖国家成员、二十国集团成员等，积极代表全球南方国家参与南北对话和谈判，并维护全球南方利益；对于一些域外热点议题，巴西往往基于自身价值判断和政策诉求来决定应对方式。在美洲大陆，巴西一方面基于拉共体和南方共同市场等框架开展交流与合作；另一方面基于自身的价值追求来发展推进本地区区域组织与域外国家、地区组织的合作。其核心是在日益多极化的世界中表达巴西的战略诉求，从而更好地维护自身利益。即便在博索纳罗担任总统期间，巴西的相关立场也得到一定程度体现，如 2022 年，时任巴西外长卡洛斯·弗兰卡在二十国集团峰会期间表示，“巴西和其他发展中国家有权在全球事务中选择他们想要的立场”。2023 年以来，随着地缘冲突问题日益严峻，巴西积极推进和平外交政策，并以自身的价值标准来判断是非对错，而不是盲目跟风。由于巴西外交日益凸显独立自主的立场，其与欧盟乃至更大范围的西方世界之间的差异可能难以避免。欧盟虽然难以以此为由对巴西施加一定的惩罚，但是上述情况无疑会给欧盟与巴西的全面战略伙伴关系进一步发展蒙上阴影。

第四节　总结

欧盟与巴西双边关系历史悠久，随着国际形势的快速发展变化以及拉美地区政治形势的持续变迁，欧盟与巴西的相互认知都在发生变化，对发展彼此关系既有共识也有分歧。近 20 年来，欧盟与巴西双边关系得到一定程度发展并上升到全面战略伙伴关系高度，无疑体现了双方的共同努力，但是巴西仍认为本国尚不是欧盟的平等伙伴，因为欧盟不时根据自身的规则和标准来批评巴西乃至干预巴西国内事务。尤其是欧盟虽然与巴西确立双边峰会等对话机制，但是一旦感到不满就可能暂停与巴西的高层对话，而只保留一些相对低层次的对话机制。对于欧盟这个重要的贸易伙伴以及投资来源地，巴西无疑予以高度重视并希望深化彼此的战略合作。但是巴西也认识到，在欧盟的全球战略中，巴西并不具有优先的位置。卢拉在第三次出任总统后，虽然主动与欧盟接触，谋求推动双方关系转圜以及推动双方的务实合作，但是对双边全面战略关系长足发展并没有表现出强劲信心。鉴于欧盟与南方共同市场达成自由贸易协定的难度很大，双方由此产生的分歧和摩擦短期内可能难以消除。作为南方共同市场的“领头羊”以及拉美第一大国，如果不能推动欧盟与南方共同市场达成自由贸易协定，那么巴西就不大可能真正改变对欧盟的态度，也不可能在双边层面对欧盟作出较大的让步。

考虑到国际形势的快速发展以及大国间竞争与合作的新变化，巴西加快推进全球南方框架下的南南合作，并致力于通过与其他新兴经济体的合作来实现经济发展、社会稳定以及外交影响力提升。上述举动延续了巴西长期奉行的不结盟政策，也有助于巴西为全球南方作出新贡献。对巴西倾向全球南方的诉求和政策，欧盟一方面谋求通过对话，增进相互了解和扩大共识；另一方面也谋求在经济援助和国家协作方面作出一定的回应，以促使巴西作为全球南北对话的桥梁而不是完全倒向全球南方。但是作为新兴经济体代表以及金砖国家等全球南方国际组织成员，巴西不大可能实现政策的激烈转变，而更多会坚持自身的全球南方角色，以更为自信的态度、更为灵活的方式来处理与欧盟的相互关系。毕竟从巴西的角度来看，如在能源问题上，欧盟更加需要巴西。因而在卢拉第三总统任期内，欧盟与巴西的双边关系可能有所改善，但是改善的空间可能相对有限，毕竟阻碍双方深层次互信的问题依旧存在。

第四章　欧盟迎来与印度重塑战略伙伴关系的时机？

2023年是欧盟与印度建交61周年，却是欧盟与印度战略伙伴关系遭受冲击的一年。2024年是欧盟与印度建立战略伙伴关系20周年，也是双方关系迎来调整或重塑的一年。一方面，欧盟与印度对彼此的战略合作都予以高度重视和期待；另一方面，双方深度谈判与具体合作均面临不少现实问题，进而影响到双方的相互信任与合作。欧盟认为，当前的地区和国际环境总体有利于发展双边关系，尤其是双方都奉行西方民主价值；印度独特的地缘战略位置以及日益增强的国际实力，可以为欧盟实现全球利益作出贡献。而印度作为世界上增长最快的经济体之一，其实现可持续发展以及参与地区和国际事务离不开欧盟的支持和帮助。只是当前欧印相互利益诉求并不一致，双方内外政策的出发点也有所差异，进而导致双方合作的战略意愿、决心与具体能力并不匹配，拖累了双方战略伙伴关系的进一步发展。

第一节　欧盟与印度双边关系发展历程

欧盟对印度的重视是一个渐进的过程，这个过程伴随着国际关系深刻演变、地缘政治环境的复杂变迁以及欧盟对印度认知的持续变化。

与此同时，印度对欧盟也从最初的疑虑和担忧，逐步发展为重视，谋求借助欧盟的经济力量来发展自身并争取更大的国际博弈空间。总的来看，数十年来欧印关系整体发展，印度谋求深化与欧盟的战略伙伴关系，但是欧盟基于印度的经济规模、内外政策等也对印度提出更高的要求，这使得欧印双边经济贸易关系发展面临一定的挑战。

第一，二战结束后的启动阶段（1947 年至 1961 年）。二战对印度的独立运动产生深刻影响。1947 年印度宣布独立，进而开启了其作为独立国家与欧洲国家、欧盟前身交往的进程。印度独立后初期，其主要精力集中在处理国内和周边事务以及推行不结盟政策。在当时的西欧国家中，印度最重要的伙伴是前宗主国英国。最初，印度对欧洲一体化进程关注有限，更无意卷入欧洲事务。如 1951 年欧洲煤钢共同体成立时，印度反应平淡。但是 1958 年欧洲经济共同体建立后，印度对此表现出一定的关切乃至担忧。一方面，印度认为欧洲一体化运动是欧洲不同语言和历史的国家通过一个共同计划实现集体快速繁荣的最快方式，同时欧洲一体化也有着促进欧洲政治和谐的考虑；另一方面，印度认为欧洲经济共同体在经济上强大之后可能突破“以自我为中心的内向型经济巨人”的局限。作为关税与贸易总协定第一批成员，印度对欧洲经济共同体给予其成员国海外殖民地优惠待遇表示反对，认为这会给其他国家带来不公。印度也担心“强大的欧洲或大西洋联盟”将阻碍一些亚洲殖民地国家独立。此外，印度对英国试图加入欧洲经济共同体也表现出一定的担忧，认为这可能会妨碍印度对英国扩大出口。

印度与欧洲经济共同体最早的直接接触可以追溯至 1959 年 11 月印度经济事务高级专员 K. B. 劳尔访问欧洲经济共同体，此访加深了欧印双方的沟通和了解。1962 年 1 月，印度驻欧洲经济共同体使团成立，使印度成为最早与欧洲经济共同体建交的国家之一。考虑到新的欧洲经济共同体可能给发展中国家带来重要的出口机会，印度愿意借此扩大对欧洲的出口。

第二，缓慢发展阶段（1962 年至 1993 年）。1962 年上半年，英国加入欧洲经济共同体谈判进入关键阶段。对此，印度的态度是一旦英国成功加入欧洲经济共同体，欧洲经济共同体就必须与印度达成新的全面贸易协定。1963 年，印度向欧洲经济共同体提交谅解备忘录，敦促对方对印度承受的巨大贸易逆差予以关注，并切实逐步减少或停止关税壁垒，取消对印度商品的进口限制。在印度的广泛游说和推动下，欧洲经济共同体随后逐步降低对印关税，进而在一定程度上促进了印度对欧洲经济共同体的出口。1973 年，英国最终加入欧共体，由于英欧双边协定也涉及英联邦国家出口事宜，印度对此高度关注。随着英国加入欧共体，欧共体对印度的援助，尤其是减贫援助有所增加。对于印度政府提出的提高牛奶产量的“洪流计划”（Operation Flood），欧共体予以支持，并协助印度建立国家牛奶生产网。该计划分两阶段于 20 世纪 70 年代与 80 年代推进并取得成功，显著提高了印度牛奶产量并使印度一度成为世界最大的牛奶生产国。1974 年，经过十年谈判，欧印双方达成一项商业合作协议。对印度而言，这不仅是一项商业合作协议，其外溢效应超过双边层面。此外，欧共体与印度的太空合作也在 20 世纪 70 年代逐步发展。

20 世纪 80 年代，随着经济困难增多，印度谋求扩大与联邦德国、日本等西方国家的经济贸易关系。同时随着印度经济私有化进程的加快以及对私人投资的开放，欧洲企业也获得更多进入印度的机会。1983 年，欧共体在印度设立外交使团。20 世纪 80 年代后期到 90 年代初，印度与西欧国家领导人的交流和互访日益频繁。德国统一也为印度扩大与欧洲的合作提供了契机，促进印度与欧共体建立更为紧密的联系。当然，欧共体对亚洲重视的增多以及欧共体的扩大，也给欧印关系增添了新动力。但是由于欧共体基于自身价值观，对人权、反腐败、法治等的关注，以及欧共体与印度官员的官僚主义作风，欧印关系屡遭掣肘，导致双边合作难以实现较大突破。

第三，冷战结束后的新发展阶段（1993 年至今）。苏东剧变后，随着国际形势发生显著变化、全球化进程加速、国家间关系出现深刻复杂演变，欧盟与印度的相互认知出现新变化，双边关系也迎来发展的新时期。印度对外战略更加清晰，在全球、区域（亚太）和周边三个层面进行了周密部署，欧盟作为多极化世界的重要一员被印度高度重视。由此，欧印交流与合作进入新的阶段，尤其是制度化协议密集签署。1993 年，欧盟与印度签署《联合政治声明》。1994 年签署的《欧印合作协定》为欧印关系提供了法律框架，促进双边政治、经济等领域的合作。21 世纪伊始，欧印关系走向新的高度，尤其是 2000 年欧盟与印度峰会标志双边关系跨越分水岭。自那以来，欧印双方开始了多层次的合作，举办了 10 多次双边峰会，形成了 30 多个对话机制，涵盖贸易、能源安全、科研、核不扩散与裁军、反恐、网络安全、打击海盗、移民与人口流动等。2004 年，欧盟与印度决定将双边关系升级为战略伙伴关系，强调共同价值观是双边战略合作基础，并重申对所谓“以多边主义为中心、基于规则的全球秩序”的承诺。在此背景下，欧盟与印度开始在经济层面围绕现代化路径、可持续发展以及宏观经济趋势进行交流研讨，协调应对能源安全和气候变化危机，推动印度向清洁能源转型。同时，双方还在多边层面加强协调，深化高级别对话机制，强化安全沟通与合作，促进人权、民主、性别平等、多边主义等议程。2005 年，欧盟与印度制定了一项联合行动计划，以加强政治和经济领域的对话协商，促进经济贸易投资等关系，深化人文交流。欧印自由贸易谈判始于 2007 年，但是在 2013 年遭遇挫折并给印度带来一定打击。不过，欧印其他谈判与合作也有所推进，如 2009 年印度与欧洲原子能共同体签署合作协议。

21 世纪第二个十年以来，欧盟与印度峰会、部长级会议以及其他各种对话机制对欧印双边关系的引领作用有所增强。尽管 2013 年至 2016 年间，欧盟与印度峰会暂停举办。但是 2016 年欧盟与印度峰会通过《欧印 2020 议程行动方案》，为双方关系确定发展方向。2017 年欧盟与印度峰会重申加强反恐合作，致力于发展清洁能源并促进低碳排放。2018 年 11 月，欧盟阐释了对印合作与战略伙伴关系的愿景，提出要促进构建可持续现代化伙伴关系和基于规则的全球秩序，称印度为多极亚洲的地缘政治支柱。2020 年，欧盟和印度批准了《欧盟-印度战略伙伴关系：2025 年路线图》，这个路线图反映了双方的一些共同认知，即双方谋求建立强有力的伙伴关系，认为只有强化双边战略合作才有可能维护欧印的全球战略利益。2021 年，欧洲议会通过一份报告，呼吁欧盟与印度共同努力应对地缘政治挑战。同年，欧盟与印度峰会决定启动一项全面“互联互通伙伴关系”计划，聚焦促进双方数字、能源、交通以及人文之间的相互连通。2022 年，欧盟委员会主席冯德莱恩访问印度，推动双方建立欧盟与印度贸易和技术理事会；欧盟与印度举行第九轮外交政策和安全磋商，除了商讨双边贸易和技术理事会建设外，还围绕共同感兴趣的地区和全球议题交换意见；欧盟决定重启与印度的自由贸易谈判，同时开展单独的投资保护协定和地理标志协定谈判。2023 年 5 月，欧盟和印度联合召开第四次战略伙伴关系审查会议，评估双方战略伙伴关系框架下的总体合作。2024 年 1 月，欧洲议会向欧洲理事会、欧盟委员会以及欧盟外交与安全政策高级代表建议，继续扩大与深化对印度的战略伙伴关系，继续正常推进多层次对话和峰会，并提出以“团队欧洲”的形式与印度发展战略伙伴关系；推动双方共同应对紧迫的安全挑战，并作出必要的外交回应和威慑；加强双方在气候变化和绿色增长、数字化和新技术、研发、互联互通、贸易和投资、外交、安全和国防政策以及人权和法治等领域的合作；根据对《欧盟-印度战略伙伴关系：2025 年路线图》实施情况的评估，并考虑到各方的观点和需求，开始为雄心勃勃、综合和彻底改革的伙伴关系与合作作准备。

此外，2016 年 6 月英国全民公投决定“脱欧”后，印度随即作出政策调整，努力减少英国“脱欧”给印度带来的贸易冲击：一方面继续巩固与英国的关系，谋求改善印英贸易额总体停滞不前的状况；另一方面针对印度对欧出口挑战增多，注意强化与德、法两国的合作，以提升印度对欧出口水平。

总的来看，21世纪欧盟对印度的关注主要集中在贸易和文化事务，而不是广泛的战略和政治议题，这曾使欧印合作受到一定的限制。与印度的贸易虽然对欧盟来说仍然不占有重要地位，但也大幅增加，同时印度的贸易逆差则有所减少。如2009年至2019年，欧盟和印度贸易额增加70%，欧盟占印度的外资份额同期从8%增至18%。欧盟对印度直接投资额从2019年的823亿欧元增至2022年的1083亿欧元，欧盟成为印度的主要外国投资者。2023年，欧盟是印度的最大贸易伙伴，双边货物贸易额达到1240亿欧元。欧盟也是印度第二大出口目的地，17.5%的印度货物出口流向欧盟。印度则是欧盟的第九大贸易伙伴，2023年双边货物贸易额占欧盟全部货物贸易额的2.2%。而在服务贸易方面，欧盟与印度2023年服务贸易额达到508亿欧元，较2020年增加了204亿欧元。

第二节　当前欧盟与印度战略伙伴关系的突出特点

欧盟与印度的战略伙伴关系既有较为明确的定位，也有具体的路线图和行动方案，这在一定程度上促进了双方经济、政治、外交、军事等领域的合作不断提升，但是双边战略合作的实施进度以及取得的成就却不尽如人意，尤其是对印度而言更是如此。印度一些学者对本国与欧盟的战略合作高度期待，持续撰文鼓吹推进印欧战略伙伴关系并提出诸多发展建议，而另一些学者则对印欧战略伙伴关系感到不满和失望，认为双边关系支离破碎并且进展缓慢，尤其是虽然有了明确的优先合作事项却未得到应有的重视。

第一，双方坚持自身利益优先无疑会不时发生利益碰撞。无论欧盟和印度如何包装彼此的关系或合作，都不能改变双方均基于自身利益来考虑对彼此政策的事实。其一，欧盟本质上是一个区域一体化组织，在对印关系上始终高度重视发展经济贸易及投资，因而欧盟对印政策难以摆脱具体的经济利益得失算计。近些年来，欧盟与印度的双边贸易虽然取得不小进展，但不对称性较为明显。尤其是2021年欧盟成为印度第三大贸易伙伴以及印度的第二大出口目的地，对欧贸易额占到印度2021年对外贸易额的大约11%。印度虽然成为欧盟的第十大贸易伙伴，但欧盟对印贸易额仅占欧盟2021年对外贸易额的约2%。2022年，尽管欧盟对印投资总额达到1083亿欧元，但与欧盟对其他新兴经济体的投资相比相形见绌，如欧盟2022年对巴西的投资总额达2934亿欧元。对欧盟而言，印度庞大的市场仍需继续开发。为推动印度作出让步，欧盟要求印度取消保护主义壁垒、扩大开放市场、尊重知识产权、开放会计和法律部门准入、保护外资，进而有利于欧盟企业在印度投资或经商。同时，对于印度日益提升的新兴经济体及地缘政治大国地位，欧盟极为重视并谋求印度配合欧盟作出诸多政策调整，但是缺失英国的欧盟并没有太多能力给予印度更大的回报。其二，印度虽然重视欧盟，但是也不会偏离自身的利益和诉求而单方面“选边站”。印度与欧盟在一定程度上对二战结束后建立的国际秩序深刻演变有着一定的危机感，均认为世界正在走向多极化，但是对于目前正在演进的全球地缘政治博弈、治理之争、大国竞争等，双方的认知和策略选择并不一致。尤其是印度不仅注意强化在全球南方的地位，为发展与南方国家关系投入更多的资源，而且通过游走在大国之间实现自身利益的最大化，更谋求成为联合国安理会常任理事国，并为此争取欧盟的支持。对于欧盟秉持的陈旧的欧洲中心主义和西方主导理论，印度也并不认可，反而坚持争取西方对印度的让步。如印度外交部部长苏杰生表示，“欧洲必须摆脱这样一种心态，即欧洲的问题就是世界的问题，但世界的问题却不是欧洲的问题……世界不能像过去那样以欧洲为中心”。在乌克兰危机上，印度也坚持自身的独立自主立场，没有对俄罗斯进行谴责，呼吁停止冲突并表示愿意为促进停火作出努力。欧盟虽然对此表示不满，但也无意强力反击，以免双边关系出现新的波动。

第二，双方政治承诺不少但实践不足。从政治对话频次和政治文件数量来看，欧印战略伙伴关系似乎是高质量的。双方都强调同属所谓“民主国家”，有着共同的价值观，都致力于建设“基于规则的多边秩序”，而且欧盟也在相当程度上承诺支持印度的长期可持续发展。从合作方向上来看，欧盟承诺帮助印度提升“印度制造”水平、应对气候变化以及促进绿色发展，这些在很大程度上可以满足欧印双方需要，但是最终却难以落到实处。其根本原因在于，欧印双方很多协议尽管意愿宏大，但缺乏具体的政策或行动支撑。也就是说，双方的政治合作意愿与具体实践能力差距不小。如对于欧印自由贸易谈判，印度虽然在思维上有所转变，认识到必须作出一些让步，短期内在货物贸易上必然会遭受一些冲击，但是印度官方并未做好主动让步的预案，反而为自由贸易谈判设置了非常紧凑的时间表。在保护自身农业、农产品等方面，欧盟和印度也各有考虑，都打着维护小农、妇女等群体利益的旗号，争取更多的内部保护，进而使得双方谈判难以继续。这些无疑增加了欧印完成自由贸易谈判的难度。对于引发国际社会广泛关注的“印度—中东—欧洲经济走廊”项目，其虽由美国主导提出，但是欧盟和印度既是参与方也是直接受益方。这个庞大的走廊项目由海路和陆路组成，不仅需要时间来建造公路、铁路及港口，还需要为此筹集海量的建设资金。此外，在全球秩序构建和地缘政治安全方面，欧盟与印度虽然有一些共识，但是缺乏足够的共同利益支撑，因而在应对一些共同关心的地区和国际问题时，双方原则表态往往一致，但缺乏共同的部署和投入，这使得双方合作的貌合神离问题较为明显。

第三，双方内部制约因素影响到战略伙伴关系的深入发展。欧盟有 27 个成员国，而印度则属于联邦制国家，双方内部影响决策的力量众多且相互之间利益关系多元而复杂，如欧盟不同成员国对印需求和期待不一、印度地方邦与中央政府利益不完全一致等，这些都导致双方内部机构的权力博弈较为明显。对欧盟而言，印度营商环境较为艰困，有着繁杂的规则、程序，各地方邦的政策要求不一致。如印度目前对来自欧盟的葡萄酒、烈酒征收60%—100%的进口关税，地方邦也对之额外加税。鉴于印度地方邦的主要收入来源是酒税，因而印度各邦不大可能同意减少本地征收的酒税。欧盟各成员国对印度的认知及合作期待也不一样，如德国与印度的贸易以汽车和工业产品为主，而法国与印度的贸易以电气设备、石油产品、飞机、航天器等为主，这些都使得欧盟各成员国对待印度的立场有所不同，因而欧盟与印度的自由贸易谈判很难在超国家层面开展。这突出体现在一些情况下，印度政府更愿意与欧盟具体成员国接触，而非欧盟本身。对欧盟而言，其总体通过经济贸易视角来看待印度，而并没有真正将印度视作全方位战略合作伙伴并推进双边关系发展，进而也没有与印度共同推动塑造有利于共同利益的国际秩序。由此，印度政府一方面坚持对数量庞大的小农、小商业者的保护，以争取多数民意支持；另一方面坚持本国的国际定位，在发展与欧盟关系的同时，注重与美国、日本以及其他新兴经济体发展关系，甚至在某些方面将全球南方置于欧盟之前。

第四，有形或无形的不平等关系在一定程度上影响、迟滞欧印战略伙伴关系。目前，印度社会存在一种论调，即欧盟并不真正了解印度并认真地对待印度，尤其是印度社会对欧盟将印度看作是一个可以利用的市场而非伙伴相当不满。不少印度学者及政客谴责欧盟内部仍有一些人以老眼光看待印度的发展，认为印度对欧盟以及欧洲没有那么重要，并基于以往对印度的陈旧印象来推动欧印合作。与此同时，印度一些人也认为欧洲正走向衰落，其全球地位远不如从前，因而在印度外交政策中不值得给予更多的重视；谴责欧盟部分官员在与印度的对话和谈判中抱守援助国心态不放，显得高高在上；抨击欧盟官方不时指责印度内部事务如腐败、居民身份证、数据管理、宗教关系等，横加干涉印度内部事务，甚至意图影响印度的对外政策。此外，印度一些学者还表示，欧印双方虽然都强调对自由民主价值和制度的认同，但是在实践中并非总是和谐相处，如在涉及自由贸易谈判时欧盟坚持将民主、人权、法治等内容列入，这实际上在商业合作中嵌入了政治条件，进而使得欧盟更容易占据道德高地并使印度往往处于被动状态。

第三节　欧盟对印度的新认知、新期待

随着印度国家实力增强和国际地位提升，欧盟内部呼吁给予印度更多的重视，尤其是从思想上加强对印度的认知，谋求在未来更好地处理欧印关系。目前就欧盟内部来看，其对印度的认知更多体现在两个相对极端的方面。一是“快速发展的印度”。具体包括印度是世界上最大的“民主国家”和世界第一人口大国；基于购买力平价的世界第三大经济体；世界上增长最快的经济体之一。这些看法有一定根据，2024 年，印度与欧盟双边贸易额达 1582 亿美元，同比增长 6.73%。印度还谋求到 2030 年出口额达 2 万亿美元，这一议程只有在欧盟等重要贸易伙伴支持下才有可能实现。二是“落后的印度”。这种认知往往聚焦于印度的落后一面，其中包括贫富差距明显、基础设施薄弱、环境问题突出、经济管理糟糕、人权问题丛生等。这突出表现在美国皮尤研究中心 2023 年 8 月的一项民意调查中，该民调显示，随着时间的推移，欧洲人对印度的态度变得更加消极。在有数据可查的五个欧洲国家中，对印度的好感均下降约 10 个百分点甚至更多。其中变化最大的是法国，只有 39%的法国人对印度持正面看法，而 2008 年有 79%的法国人对印度持正面看法。当然，也有一部分欧盟官员及欧盟成员国民众主张客观看待印度，避免得出有偏差的认知。总的来看，欧盟仍重视印度并给予印度较高期待。

第一，印度作为重要的新兴经济体，其快速稳定发展对欧盟有利。国际经济金融机构及西方国家大多对印度发展持积极态度。如 2023 年，世界银行对印度的发展予以肯定，认为印度尽管面临巨大的挑战，但 2022 财年至 2023 财年仍是全球增长最快的主要经济体之一，国内生产总值增速为 7.2%，在二十国集团国家中排名第二，几乎是新兴经济体平均水平的两倍。2023 财年至 2024 财年，印度国内生产总值增

速约为6.3%。世界银行还认为印度有望继续保持快速增长势头，在印度独立100周年之前，印度有望成为中高收入国家。同时印度有望通过持续地发展来应对气候变化挑战并在2070年实现碳净零排放的目标。

欧盟认为，印度经济发展强劲且仍保持发展势头，而欧盟作为印度的主要贸易伙伴，支持印度发展对双方都具有极为重要的经济和战略价值。欧盟支持印度发展突出体现在可持续基础设施建设、循环经济、环境保护和数字化建设等方面，促进印度与全球的互联互通以及推动印度向资源节约型经济过渡。欧盟谋求通过适当调整对外政策，深化与印度的战略合作，尤其是推动就贸易和投资等议题达成更为平衡的协议，支持全球贸易秩序。欧盟还强调未来欧印贸易和投资协定的目标之一是加强欧盟与印度之间的经济、贸易和投资关系完全符合国际人权、环境和劳工标准及协议，为双方企业创造一个健康、透明、开放、非歧视和可预测的监管及商业环境，进而释放欧盟和印度双向经济合作的潜力。欧洲投资银行2025年2月表示，该行自1993年以来对印度的累计承诺投资为55亿欧元；2025年该行将与印度签署总额6亿欧元的融资项目，以支持印度的城市交通改造、污水处理等工作。未来欧洲投资银行将继续为印度提供资金支持，帮助印度实现联合国2030年可持续发展目标。当前，欧盟视印度为亚太地区的重要伙伴，尤其是欧盟根据《2021年至2027年亚洲及太平洋地区多年度指示方案》，明确优先与印度接触，以推动双方的深入交流与合作。在该方案框架下，欧印合作将聚焦绿色新政、可持续发展和就业以及治理、民众、和平与安全等议题。2024年，欧盟对这一方案进行中期评估，其中绿色新政聚焦气候变化应对、生物多样性保护、清洁能源过渡、循环经济以及城市发展；可持续和包容发展侧重卫生、数字转型、交通、互联互通、贸易和宏观经济政策等；治理、民众、和平与安全意在促进海上安全、网络安全、建立和平和预防冲突。欧盟“全球门户”计划也受到印度的重视，当然，欧盟的上述举措在一定程度上契合了印度的需求。利用上述合作，印度希望通过“印度制造”来提升自己的生产和制造能力，从而实现价值链和供应链多样化，因而来自欧盟的支持对印度不可或缺。

第二，印度作为全球南方重要代表，其全球作用受到欧盟重视。冷战结束后一段时间，印度受制于历史、政治、经济及地缘等问题，更多聚焦内部事务和南亚，对全球南方的关注虽然不断增加，但是并没有展开强有力的外交行动。21 世纪以来，印度的大国雄心日益显著，谋求通过支持全球南方发展，体现自身的国际影响力。但随着全球南方地位的整体提高，大国对于全球南方的竞争日益激烈，印度的危机意识也逐渐增多，加大对全球南方的关注和投入，尤其是谋求借助自身经济发展以及国际行动力的增强，加大对发展中国家共同关注议题的重视并代表发展中国家发声。更为突出的是，印度还谋求借助传统影响力与新的国际舞台，推动全球南方凝聚成为一个强大的阵线。在此过程中，印度谋求为全球南方提供更多的公共产品。在印度担任二十国集团轮值主席国并承办二十国集团峰会期间，印度不仅积极为全球南方发声，而且推动峰会纳入全球南方的议程。其中包括推动国际金融机构改革、改善气候融资机制等；推动非盟获得二十国集团的一个永久席位；主办“全球南方之声”峰会，并与 120 余个国家进行对话，以促进解决全球南方国家发展问题。在“全球南方之声”峰会共同宣言中，印度还提议建立一个“全球南方卓越中心”，为发展中国家研究工作提供解决方案，并呼吁推进以人为中心的全球化来解决南方关切；推动启动一项全球南方科学和技术倡议，实现与其他发展中国家分享专业知识；提议成立“全球南方青年外交官论坛”，进而协同发声。印度还渴望成为南北方之间的桥梁，并专注于解决实际问题，而不是回到旧的意识形态斗争。其核心目标是在与美西方加强伙伴关系的同时，也捍卫全球南方的利益。

欧盟则表示，鉴于印度拥有日益强大的经济和军事力量以及不断提升的国际地位，将支持印度的全球南方议程并加强欧印双方的协调，以进一步推进实现多边主义共同愿景。如时任欧洲理事会主席米歇尔曾表示，“全面支持莫迪总理为弥合全球南方和全球北方差距所做的努力”。在具体行动上，欧方也强调，欧印可以共同参与应对气候变化、环境保护、可持续发展、海洋治理等全球性议程，共同推动《巴黎协定》的有效实施。实际上，早在2020年通过的《欧盟-印度战略伙伴关系：2025年路线图》就明确表示，双方将加强在联合国和其他多边场合的合作；在维护和加强多边贸易体系共同目标基础上，携手应对世贸组织面临的挑战；在二十国集团中共同参与解决那些具有全球重要性和共同利益的问题；强调引导私人资本参与应对气候变化行动的重要性，重视发挥公共资金的重要作用，并协调利用不同金融工具的方法和举措；推进国际可持续金融平台建设，以扩大调动私人资本，用于投资全球环境可持续发展；扩大利用联合国和二十国集团等现有多边论坛或机制，推动联合倡议，以改革世卫组织和世贸组织等。当然，欧盟内部对于多极化快速发展但多边主义遭遇挑战的问题也非常关注，希望印度积极参与推行多边主义，强化西方主导的国际秩序并谋求在多边层面与印度进行协调。但印度作为全球南方一员以及主要新兴经济体，有着自身的外交战略和利益诉求，其对国际秩序的认知以及对联合国安理会改革的诉求，在某些方面与欧盟及其成员国也不一致，这为双方深化战略合作带来一些困难。

第三，印度地缘政治重要性上升，被欧盟赋予更多期待。冷战结束以来，印度的地缘政治重要性一段时间内有所弱化，因而遭到西方的短暂忽视。但是随着国际形势的持续变化、大国竞争日益激烈、亚太地区形势日益复杂，印度的地缘政治重要性不断上升。为此，欧盟及其部分成员国开始强调“印太地区”是一个具有巨大经济机会和战略重要性的地区，尤其是德国、法国等国还出台了自己的“印太战略”。与此同时，在大国关系不断变化的背景下，印度在亚太地区的重要性也不断上升。尤其是印度在加强自身地区经贸中心地位的同时，退出《区域全面经济伙伴关系协定》，造成地区和国际贸易环境持续变化。为了改善印度的外部环境，印度在外交方面逐步从传统的不结盟转向一定范围的战略合作，尤其是与欧洲、美国及日本等西方国家的战略合作不断深化，这无疑增加了亚太地区本已较高的地缘关系与大国关系复杂性。实际上，就印度自身而言，其需要推进更为广泛的欧亚大陆合作并采取更为务实、有针对性的合作策略，以促进连接印度的区域互联互通，这对于改善印度的地缘环境以及对外关系至关重要。

近年来，随着欧印战略伙伴关系持续发展，欧盟出现了一个明显的倾向，即不仅从地缘政治角度，而且从经济安全角度来看待印度的重要性。欧盟强调“印度作为世界事务的重要参与者，正处于地缘政治重新定位的进程中”；认为欧印战略伙伴关系的增强反映了印度地缘政治重要性的上升以及欧印共同的民主价值观；认为在快速演变的世界中，欧印战略伙伴关系不仅关乎贸易和地缘政治，还关乎世界未来的发展；强调欧印持续深化战略合作，可以推动改变影响世界秩序的地缘政治和经济动态。鉴于互联互通具有地缘政治和变革意义并演变为促进增长和就业的可持续工具，包括欧盟在内的西方世界正在促进构建连接印度与欧洲的基础设施网络。如 2023 年 9 月，在印度举办二十国集团峰会期间，美国、欧盟、法国、德国、意大利、沙特、阿联酋、印度签署的“印度—中东—欧洲经济走廊”计划，涵盖了约全球一半的经济总量和 40%的世界人口。欧盟委员会主席冯德莱恩称赞这条走廊是“一个连接大洲和文明的绿色和数字桥梁”。尽管目前拟议中的走廊建设速度以及资金来源尚不明确，但欧盟和印度普遍认为这是一个多赢的行动，既有利于促进印度的发展，也有利于增强欧盟的全球供应链安全。

总的来看，欧盟重视从政治、经济、地缘等角度看待印度在其对外战略中的作用，认为双边各方面关系较为牢固但也有不小的改进空间。对于影响双边战略伙伴关系的一些障碍，欧盟内部也有不少人呼吁予以重视，并从战略角度予以妥善解决。

第四节 总结

数十年来，欧盟与印度在扩大相互认知、增进相互需求中推进彼此关系的发展。可以说，双方对彼此都相当重视且具有较高的期待，但现实是双方对目前双边关系的发展现状都不满意。其原因非常复杂，既有双方自身的因素，也有外部因素的干扰。双方战略合作意愿与具体行动的决心和能力不匹配，进而拉低了本应高开高走的战略伙伴关系。

2024 年本应是欧印战略伙伴关系调整或重塑的时机，莫迪赢得大选，第三次担任总理，欧盟委员会、欧洲议会、欧洲理事会等机构举行换届选举并产生新的领导人。在此情况下，双方高层的互动也有所增多，如 2024 年 10 月，西班牙首相桑切斯访问印度，并与莫迪重申加强欧印战略伙伴关系，推进欧印全面自由贸易协定、投资保护协定和地理标志协定的谈判。但是在如何谋划和推动未来双边战略伙伴关系发展上，双方并没有形成高度共识，反而寄希望于对方作出让步。印度希望欧盟作为发达国家国际组织真正帮助印度发展，尤其是给予印度更多的优惠待遇或特殊照顾，避免在双边经济贸易合作中影响印度的农民、小商业者以及小微制造业；欧盟则希望印度可以超越短期利益，着眼于国家的长远和可持续发展，接受欧盟提出的高标准合作规范。欧盟与印度在双方谈判与合作时，均坚持自身短期利益最大化，因而均不愿意作出明显的让步，这就使得双方的失望有所增加，对未来的合作期待也有所降低。

对于上述情况，欧盟与印度学术界均在一定程度上作出了反思并提出了一些对策性建议。欧洲印度商业与工业中心 2024 年 7 月为推动欧印战略伙伴关系发展提出建议，谋求推动双方从对话转向联合，在区域或多边层面采取一致行动，让更多的利益相关方参与进来，进而促进达成欧盟与印度自由贸易协议。有的欧盟学者呼吁，欧盟应真正重新认识印度并从战略意义上谋划和推动欧印战略伙伴关系发展，而不再基于狭隘的经济贸易视角，阻碍欧印关系的可持续发展。不少印度学者则对欧盟在不平等的自由贸易谈判中未能作出让步表示愤慨，认为欧盟还有更大的政策调整空间。短期来看，欧印可能暂缓自由贸易谈判，但又可能通过欧盟成员国与印度的双边贸易来提升合作水平。而在气候变化、全球治理、国际秩序等议题上，欧盟与印度可能既保持一定的合作，也保持一定距离，进而维护各自的战略利益。长远来看，国际形势的深入演变、大国竞争的持续演进以及欧盟自身实力变化等诸多因素，将深刻影响欧盟对印度的态度并作出相应的政策选择。

第五章　欧盟与南非战略伙伴关系在差异中发展

1994年，南非非洲人国民大会（以下简称“非国大”）赢得废除种族隔离制度后的首次民主选举并组建民族团结政府，开创了南非对外关系的新纪元。在新南非成立一年前形成的欧盟，与南非有着长期关系，但是新南非成立后对外政策及交往重点的调整也使双边关系进入一段调整期。随着南非对国际形势、南北关系及国家利益等重大议题的认知变化，南非对发展与包括欧盟在内的西方国家关系的态度也有所调整。加之欧盟亦从战略角度看待新兴经济体的集体崛起以及南非在非洲内部日益增强的影响力，双方逐步建立战略伙伴关系。如何深化欧盟与南非的战略伙伴关系以及利用南非在全球南方的影响力，成为当下欧盟发展对南非关系的重要着力点。不过，南非政府坚持独立自主和面向非洲以及全球南方的外交政策，与欧盟的利益诉求存在差异，这使得双边战略伙伴关系深入发展遭遇不少现实阻力。

第一节　1994年以来欧盟与南非双边关系发展历程

从17世纪开始，欧洲殖民者陆续来到南非，并对南非发动了长期的侵略战争，最终将南非变为英国的殖民地。在种族隔离时期，一些欧洲国家出于南非白人政府反对共产主义以及地缘政治等因素考虑，或公开或暗中支持南非白人政府的种族隔离制度。20世纪70年代，面对南非白人政府残酷镇压黑人抗议活动，世界上不少国家以及包括联合国在内的一些国际组织公开反对，欧共体也加入抨击南非白人政府行列。80年代开始，西欧国家尤其是前宗主国英国也开始有限反对南非的种族隔离制度。80年代末，随着苏东剧变的发生以及南非内部反种族隔离斗争的激化，南非白人政府遭到国际社会越来越多的反对和抵制。由此，经过南非内部政治力量的持续博弈，南非白人政府不得不选择废除种族隔离制度并于1994年举行首次民主选举。自那时起，非国大长期执政并经历了曼德拉、姆贝基、祖马和拉马福萨四任总统，这四位总统的对外政策既有一定的共性也有不小的差异，由此欧盟与南非关系经历了一些值得重视的变化。

第一，曼德拉总统时期（1994年至1999年）。曼德拉总统时期南非的外交政策转型与国家民主转型同步推进，具有明显的道义色彩，核心是促进新南非融入国际社会。曼德拉政府外交工作侧重对此前白人政府的外交政策进行纠偏，聚焦南部非洲地区、整个非洲以及全球南方，同时彰显新南非对民主、人权等价值的承诺并继续与欧美国家发展关系。在非国大1994年发表的《新民主南非的非国大外交政策》文件中，该党强调促进世界民主、尊重正义和国际法、建立解决冲突的和平机制等。对于欧盟，非国大明确指出要发展同欧盟的关系，认为民主的南非需要与欧盟深化关系。同年，曼德拉在首次国情咨文中表示，南非将同欧盟开始贸易谈判，以便为南非的国际经济关系提供一个稳定和互利合作的框架。欧盟也注意到南非外交政策的新变化，提出双方可以发展新的关系。这些都为欧盟与南非实现关系正常化奠定了基础。此后，南非继续加强与欧盟的谈判，并认为欧盟对南非显示了善意，将为南非发展带来巨大机会。在1997年国情咨文中，曼德拉指出，南非将与北欧、西欧国家的关系列为特殊关系。在1998年国情咨文中，曼德拉更是明确指出将不断壮大南非与欧洲关系，认为欧洲是主要的贸易伙伴以及投资和援助来源地，强调与欧盟的自由贸易谈判取得重要的阶段性进展。1998 年，南非加入《洛美协定》，这进一步拉近了南非与欧盟的经济贸易等合作关系。南非对欧盟出口从 1995 年的 279 亿兰特增至 1999 年的 518 亿兰特，同期欧盟对南非的出口从 437 亿兰特增至 615 亿兰特，总体来看，双边贸易不断发展，各自对对方的出口保持增长。在科技合作领域，1996 年双方签署《科技合作协定》，这是撒哈拉以南非洲国家中唯一一个此类合作协定。不过，虽然曼德拉在任期间高度重视发展与西方国家关系，但是又重视与西方关系不佳的部分发展中国家建立密切交往关系，因而遭到欧盟及其部分成员国的指责。

第二，姆贝基总统时期（1999 年至 2008 年）。姆贝基担任总统十年间，继续推进南非的外交转型，增强了南非的国际地位和国际影响力。尤其是他延续了担任副总统时期的外交取向，侧重泛非主义，重视解决殖民时期和种族隔离时期遗留的一些外交问题，并努力形成南非自己的国际话语体系。姆贝基政府注意将南非的外交认知和外交理念拓展至国际舞台，使得南非与部分西方国家围绕单边主义等议题的论战有所增多；强调全球发展面临重大挑战，注意推动全球北方国家为改变全球发展不平等作出贡献。但是姆贝基在历年国情咨文中很少提及与欧盟或欧洲的关系，仅在 2000 年国情咨文中对欧洲不少国家的极右翼力量兴起表达深切关注、在 2003 年国情咨文中强调要改善同西方国家关系。因此，南非一些左翼政治力量认为姆贝基政府外交政策的最突出成就之一就是试图说服大多数非洲国家与西方进行外交博弈。尽管姆贝基政府外交政策对欧盟着墨不多，而且对不少欧盟成员国予以批评，但欧盟并没有削弱或放弃与南非的关系。因为欧盟基于 21 世纪初全球地缘政治的变化、大国力量的对比以及非洲发展新形势，谋求与包括南非在内的一系列新兴经济体建立战略伙伴关系。1999 年，欧盟与南非签订《贸易、发展与合作协定》，促进了双边贸易和经济关系发展。2000 年，南非对欧盟出口为 645 亿兰特，欧盟对南非出口为

728 亿兰特。2004 年，姆贝基应邀访问欧盟总部，双方在交谈中均认为双边关系应超越《贸易、发展与合作协定》，并上升为更具实质性的战略伙伴关系。不过，在推进构建战略伙伴关系进程中，欧盟的主动性要强于南非。欧盟加大对南非的重视，并增加对南非援助，如 2005 年，南非将近 80%的官方援助来自欧盟。2006 年，欧盟与南非决定建立战略伙伴关系并于次年商定联合行动计划。这是欧盟与非洲国家达成的唯一一对战略伙伴关系。在战略伙伴关系架构下，欧盟与南非建立了联合合作委员会、部长级会议、首脑峰会等对话机制。此后，欧盟与南非围绕一些共同关心的议题建立工作组或其他对话机制，以促进解决非法移民、气候变化、非洲内部和平与安全等问题。欧盟更是积极表态支持南非促进非洲和平与安全的主张，并敦促南非推动解决非洲大陆一些热点问题。随着欧盟和南非双边政治关系逐步升级，双边贸易关系也得到稳步发展。不过需要指出的是，2006 年之后，南非在非洲的利益受欧盟影响也遭到一定冲击，因而对发展与欧盟的合作表现出一定的疑虑。

第三，祖马总统时期（2009 年至 2018 年）。祖马就任总统后谋求改变南非对外经济战略与国内经济发展之间脱节的问题：一方面，兼顾重视与包括欧盟在内的西方世界以及新兴经济体的交往与合作；另一方面，将南非外交部调整为国际关系与合作部，从而在机制上完善对外合作。尽管 2008 年国际金融危机的延烧给南非与欧盟深化合作带来一定挑战，但仍可以说，祖马在推动国内发展的同时，总体上实现了与欧盟经济贸易关系的升温。2011 年，南非对欧盟出口为 1520 亿兰特，自欧盟进口为 2230 亿兰特，这使得南非对欧盟贸易逆差达到 710 亿兰特。2011 年，南非外交白皮书重申与欧盟关系的重要性，认为欧洲对于南非来说仍具有战略意义，欧盟仍是南非最大的贸易伙伴、重要的外资来源地和官方发展援助提供者以及首要的旅游市场；南非将继续推进与欧盟及其成员国的战略伙伴关系，以满足国内发展需要。在政策上，南非将对欧盟开放市场、吸引欧盟直接投资并争取欧盟支持非盟的和平安全倡议；南非与欧盟将开展战略性的政治、经济和社会合作，并将之转化为更紧密的、实质的、成果丰硕的双边关系。其核心是通过三方合作，促进非洲经济发展以及支持非洲的和平安全机制。由于欧盟多个成员国加入八国集团、二十国集团以及担任联合国安理会常任理事国，因而南非与欧盟的接触必须在双边和多边两个层面进行。2012 年，南非与欧盟峰会在布鲁塞尔召开，双方围绕共同关心的涉及双方关系以及非洲地区、全球治理等的议题进行深入讨论。随着欧盟在南非经济发展、改善民生等领域作用的提升，南非对欧盟更加重视。如在 2013 年国情咨文中，祖马强调加强南北关系仍然是南非外交政策议程的核心，重申南非将继续与全球北方国家发展伙伴关系尤其是推进与美欧日的合作。在 2015 年国情咨文中，祖马强调全球北方国家仍然是南非的重要战略伙伴。通过发展这些伙伴关系，南非可以促进实现本国发展目标。在 2016 年国情咨文中，祖马强调南非将继续加强与欧盟的接触。2016 年，欧盟与南部非洲发展共同体签署经济伙伴协议，这使得南非 99%的产品可以通过优惠待遇协议进入欧盟市场并且在很大程度上不受关税和数量限制。但是欧盟对这一阶段的双边战略伙伴关系仍有一定不满，突出表现在欧盟认为其与南非的战略伙伴关系还缺乏一定的实质意义，尤其是双方虽然有着一些战略共识和共同利益，但是仍没有摆脱传统的援助者和受援者关系。欧盟方面认为南非官方对双边战略伙伴关系的持续重视仍然不够，也没有将之列为优先议程。此外，南非不同官方机构对欧盟的认知分歧、2013 年年底曼德拉国葬没有邀请欧盟及其成员国重要领导人出席、2014 年祖马缺席欧盟与非盟峰会等，也成为欧盟对南非不满的重要因素。因而，欧盟在一定程度上认为，南非并未平等看待其与全球北方以及全球南方的关系，相对疏远了全球北方国家，而谋求建立更强有力的南南合作。同时南非对欧盟的外交热情也有些趋于表面化，并没有将欧盟真正放在应有的战略伙伴层面。这使得欧盟与南非政治关系在一些方面表现冷淡，并在一定程度上传导至双边经济贸易关系层面。

第四，拉马福萨总统时期（2018 年至今）。拉马福萨就任总统后，注意推进务实外交，促进多条战线的外交工作有效开展。他在 2018 年就任总统后访问欧盟，高度评价欧盟的作用并指出："南非和欧盟自 2007 年以来就建立了战略伙伴关系并实现了互利共赢。现在南非与欧盟建立了涵盖 20 多个部门的政策对话机制，涉及发展合作、科技、卫生和贸易等多个领域。这些对话极大地促进了南非与欧盟的双边合作，也有助于双方基于平等、共同价值观和共同利益深化战略伙伴关系。"为实现南非本国优先的发展规划以及提升本国能力，南非注意加强与欧盟的伙伴关系，尤其是制定了《2021 年至 2027 年多年度指示方案》。在对欧合作上，拉马福萨政府既谋求实现自身利益，也适当照顾欧盟关切，但是坚守南非外交底线。如在人权议题上，南非高调宣传人权、共同价值观和民主等理念，注意与欧盟进行沟通和对话。截至 2023 年，双方共进行 8 次人权结构性对话，双方均强调加强对话与合作对于保护和促进人权以及捍卫人权的普遍性和不可分割性至关重要，表示愿意以坦率和建设性的方式处理一系列共同关心的人权议题。但是一旦涉及本国，南非态度便有所保留，不会以取悦欧盟的方式来破坏自身的价值和坚持。这就容易引发包括欧盟在内部分西方世界的不满，进而导致南非不时遭到包括欧盟在内部分西方世界的非议乃至外交打压。在气候变化问题上，南非既强调发达国家的历史责任，也重视与欧盟等发达国家的合作。2021 年 4 月，拉马福萨在世界气候峰会上指出："发展中国家碳排放总量比较少，这与发达国家有着较大差别。发达经济体对历史排放负有最大责任，其对发展中经济体应承担相应责任。"2021 年 11 月，法国、德国、英国、欧盟以及美国与南非加强合作，以支持南非向低碳经济和气候适应型社会公正过渡。在贸易方面，南非已成为欧盟在非最大贸易伙伴。南非对欧盟的出口也不断增长，对欧盟出口的构成也更加多样化，尤其是逐步完成以原材料为主向以制成品为主的转变。在乌克兰危机升级后，南非坚持自己的不结盟立场，明确表态不愿在大国之间"选边站"。2023 年 5 月，拉马福萨还亲自发表声明，称“南非不接受其不结盟立场偏袒俄罗斯而不是其他国家的言论”，强调“南非的不结盟立场不会危及与其他国家的关系”。2024年5月，拉马福萨与时任欧洲理事会主席米歇尔电话交谈，讨论了双边战略伙伴关系，认为应深化双边接触和对话，以加强伙伴关系并拓展双方共同关心的绿色氢能、关键矿物和疫苗等领域合作。

第二节 欧盟与南非战略伙伴关系的特点

南非外交政策的优先事项是巩固非洲议程以及促进南南合作、南北对话和全球治理。欧盟与南非建立和发展战略伙伴关系有其特殊的考虑，尤其是希望利用南非作为中等国家在非洲的组织力和影响力。近20年来，欧盟与南非双边对话不断推进，合作领域日益丰富，涵盖经济、贸易与投资、可持续发展、绿色新政、可持续就业和增长、数字和数据技术、移民、治理、和平与安全、文化合作、科学合作等多个方面。但是双方对目前的战略合作现状均有一定的不满，这使得双方战略伙伴关系表现出一些较为明显的特点。

第一，欧盟与南非战略伙伴关系的价值理论基础较为扎实，但双边合作不对称性较为突出。自1994年南非民族团结政府成立后，其积极推动内外政策的转型，在政治上认可西方的多党民主和价值观。这无疑为欧盟与南非的多领域、多层次合作奠定了价值基础。在2007年欧盟与南非正式建立战略伙伴关系后，双方更是明确了彼此的共同价值观，欧盟将南非锚定为非洲大陆的核心国家，强调南非与欧盟有着共同的价值观，并将南非视为非洲民主变革的推动者。南非认为双方相互视为重要的战略伙伴，强调彼此拥有诸多共同的价值观和信仰，坚信自由、和平、安全、民主、人权、良政以及法治，并致力于在非洲和全球推广上述价值观；强调双方都支持消除贫困和不发达状态、消除种族主义和仇外心理；均认可多边主义、联合国在全球安全事务中的首要地位、经济可持续发展的重要性、自由和公平的国际贸易以及公平的国际经济秩序；均认可环境变化尤其是气候变化影响日益加深，应对气候变化刻不容缓并且需要国际社会的共同努力；均认识到科技创新对发展的根本作用，并致力于开展更密切的科学研究合作。如在加强科研与创新方面，欧盟为南非提供有竞争力的支持。1997年，欧盟与南非签署《研究和创新合作协议》，这是欧盟与其他国家最早缔结的研究和创新国际合作协议之一。《欧洲南非科技促进计划》意在促进、协调欧盟与南非在共同感兴趣领域的创新研究合作。欧盟还通过实施“地平线”计划，促进欧盟在研究和创新政策方面的制定、支持和协调工作，允许欧盟和域外研究机构及研究人员申请资金支持。一些南非研究机构和研究人员通过参与上述计划，获得了一定的研究支持。此外，欧盟还通过年度预算支持项目，支持南非政府提升国家创新系统作用。

欧盟和南非的相互需求虽然存在，但是相互依赖程度并不深，这导致欧盟与南非对双边关系既看重而又不十分倚重。尤其是在政治层面，南非政府基于对殖民主义和帝国主义的不满，对欧盟仍有一定的疑虑甚至不信任。在经济贸易层面，欧盟作为全球主要经济体和区域一体化组织，在面对南非时有较为充分的空间和余地，可以对南非施加更大的压力。这就使得南非不得不考虑同欧盟及其成员国开展经济、贸易以及投资等合作时面临的经济安全问题，进而对与一些欧盟成员国续签或新签投资协定等慎之又慎。在外交层面，南非注意同欧盟及其成员国发展双边关系，但是也不断加强与非洲、亚洲、拉美等地发展中国家的合作，进而逐步纠正历史偏差，实现外交更加均衡发展。由于南非外交的独立自主以及不结盟特征，南非在众多重大议题上对欧盟并未全力配合，这也使得欧盟对南非的不满和抨击有所增多。

第二，欧盟与南非在非洲的合作不断面临新情况。南非作为非洲大陆重要国家以及非盟重要成员国，对促进欧盟与非洲的合作起到重要作用。1994 年南非民族团结政府成立后，南非外交政策的重点是促进非洲大陆及非洲人民团结、实现非洲大陆经济包容性发展和共同繁荣。如曼德拉1994年6月在突尼斯出席非洲统一组织首脑会议时，被任命为该组织第二副主席。姆贝基也被视为非洲复兴议程的“总设计师”。2014年，祖马在国情咨文中表示，“南非将继续支持非洲的区域进程和大陆进程，以应对和解决危机、促进和平与安全、加强区域一体化、大幅增加非洲内部贸易以及倡导非洲的可持续发展”。2023年8月，拉马福萨表示，“非洲仍然是我们外交政策的中心”，“南非寻求促进非洲的繁荣和工业化体系”。为实现上述目标，南非在推动非洲自强以及支持非盟发展方面做了一些突出的工作。

其一，争取欧盟支持非盟内部建设以及提升非盟维护和平与安全能力。欧盟在与南非的战略伙伴关系中认可南非的非洲影响力，并重视南非在国际舞台上实现非洲发展目标的作用。欧盟和南非均表示，双方致力于实现非洲大陆繁荣、和平、民主、无种族和无性别歧视以及团结的愿景。欧盟声称，其完全支持南非对非洲议程的承诺，支持南部非洲发展共同体的区域一体化建设、非洲发展新伙伴关系以及欧盟与非盟的战略合作。同时，南非积极争取欧盟支持非盟的内部建设以及对非盟在非洲地区实施维和行动的帮助。欧盟已经成为非盟重要的和平与安全伙伴，其目前对非盟的援助总量仅次于联合国。如2004年至2019年，欧盟通过非洲和平融资机制向诸多非洲和平与安全行动提供约29亿欧元的援助。在全球新冠疫情期间，南非积极支持非盟加强卫生能力建设，以更有效地应对疫情并谋划后疫情时代的非洲发展，进而助力非洲国家复苏并把握发展机遇。对于非盟与欧盟的长期关系，南非领导人也利用各种场合表态，如拉马福萨2018年11月表示，“欧盟的诞生系结束欧洲大陆历史性分歧的需要，这为建设一个植根于团结与合作的新欧洲奠定了坚实基础，并为全球和平、安全与发展作出贡献”，非洲可以基于欧盟一体化进程吸取经验教训。拉马福萨2022年2月表示，“非洲和欧洲之间的新伙伴关系意味着在许多方面，前殖民者要回馈非洲大陆”。在2022年2月欧盟与非盟峰会上，双方达成

2030年联合愿景，其中包括“全球门户”非洲欧洲投资一揽子协议，欧盟预计为非洲提供1500亿欧元资金支持；继续加强和平与安全合作；加强移民合作；承诺支持多边主义以及基于规则、以联合国为核心的国际秩序。

其二，反对欧盟干涉部分非洲国家内部事务，推动非洲国家捍卫主权以及独立自主探索本国发展道路。南非政府在促进非洲大陆和平、稳定与发展方面有着自己的认知及政策取向，其更多情况下坚持非洲人自己解决自己的问题。这体现在南非支持非洲一些次区域组织和非盟积极介入非洲内部事务，携手解决部分非洲国家内部违宪政权更替、国家间冲突等问题，同时公开反对外部力量通过暴力手段干预非洲国家内部事务以及实施制裁等措施，强调对非洲主权国家的外部干预只能在联合国、非盟或非洲次区域组织等框架下进行。如针对21世纪初以来的津巴布韦内部政治纷争，欧盟予以强力干预，实施了旅行禁令、资产冻结、武器禁运、削减援助等政策，而南非则实施了被西方称为“静默政策”的和平外交，注意调停津巴布韦政府和反对党分歧，力促通过政治谈判方式解决政治争议。包括欧盟在内的部分西方力量对南非的津巴布韦政策予以批评并指责南非违背了自身的外交价值观，指责南非完全基于政治和意识形态制定对津巴布韦的政策，传递了模糊和错误的信息。然而，包括欧盟在内的部分西方力量对津巴布韦的干涉虽然起到一定效果，但是无法实现其既定政治目标，有关对津巴布韦的制裁不得不在2014年11月暂停。从实践效果来看，南非的津巴布韦政策得到非洲多数国家的支持。

当然，南非有时也基于自身判断，在一定程度上接受域外干涉，但对可能产生的影响保持密切关注并注意根据形势变化调整自身政策。这突出体现在南非的利比亚政策上。2011年3月，欧盟和美国共同施压，要求时任利比亚领导人卡扎菲放弃权力。同年3月17日，南非投票支持联合国安理会第1973号决议，允许在利比亚设立“禁飞区”以及要求有关国家采取一切必要措施保护利比亚平民和平民居住区免受武装袭击的威胁。南非此举引发外界的一些非议，对此南非表示，这与其外交政策一致，即南非作为非盟成员国，致力于尊重及维护非盟和平与安全理事会的立场，并重申对利比亚统一和领土完整的坚定承诺。时任南非总统祖马还呼吁利比亚各方立即停火，停止对平民的袭击，强调只有基于人民意愿的和平解决方案才能保证利比亚的长期稳定；同时表示联合国安理会第1973号决议不应被滥用，并且应该在文字和精神上得到执行。

第三，南非积极维护全球南方利益，与欧盟的相关博弈进入新时期。随着资本主义危机的持续发酵以及国际经济力量对比的持续变化，欧盟的全球综合实力有所下降，而新兴经济体的集体崛起引人瞩目。南非作为非洲大陆重要的经济体以及新兴经济体的代表之一，谋求通过多种方式维护全球南方的利益。

其一，南非认同金砖国家改革议程，赞赏金砖国家体现了新兴经济体内部合作。金砖国家的出现不仅加强了南南合作关系，而且在一定程度上缓解了南北关系的不平等。对于这条新兴的南南合作之路，南非予以高度重视。2010年，南非加入金砖国家合作机制，强调这有利于南非代表非洲国家更多参与全球经济、金融等对话，促进金砖国家在多边机构决策以及全球治理进程中拥有更多共同立场。2012年，南非政府出台金砖国家战略，谋求加强与其他金砖国家的接触与合作，包括在双边层面加强政治和经济关系，在地区层面加强非洲议程、推进非洲可持续发展并将重点放在非洲大陆和地区基础设施发展计划，在多边层面促进全球治理改革等。南非政府强调，金砖国家已成为世界经济和世界贸易的重要参与者，南非是这一集团的一个部分，如何利用金砖国家促进南非和非洲国家发展成为重要议题。2022年，拉马福萨表示，其他金砖国家有很大的机会参与非洲大陆自由贸易区建设，并通过与非洲当地公司和企业家合作，在非洲大陆的各个国家进行生产以及提供服务。2023年，南非在担任金砖国家轮值主席国期间，推动金砖国家实现大规模扩员。南非强调参与金砖国家的经济合作应有利于推动南非的本地化战略并促进南非本地工业发展，以供应国内和出口市场；南非和非洲不能只是金砖国家的进口伙伴，两者必须与金砖国家建立更深层次的经济和商业关系，以推动南非和非洲的工业化议程；金砖国家需要建立一个合作计划，以开拓新的贸易机会。金砖国家为南非提供了实现投资组合和出口目的地多元化的机会。然而，南非的金砖国家成员国身份以及参与金砖国家合作的某些行为在一定程度上引发包括欧盟在内的部分西方力量的焦虑或不满。对此，南非国内一些力量谋求采取平衡战略，以避免过度刺激包括欧盟在内的部分西方力量。

其二，南非通过南北合作以及其他南南合作机制，展现南方国家诉求并推动制定有利于全球南方国家的政策。南非具有独特的地理位置和外交代表性，能够很好地成为连接全球北方和全球南方的重要国家。尤其是近年来，南非多次当选联合国安理会非常任理事国，利用参与安理会辩论、决策等时机维护南方国家利益，促进南方国家和平、发展与稳定；利用参加二十国集团、出席七国集团有关峰会等时机，积极阐释非洲以及广大全球南方国家诉求，推动改革现有的联合国及相关多边机构，促进发展中国家获得更多发言权，同时要求发达国家为促进全球发展和全球治理等作出更大贡献，还在二十国集团峰会上多次要求减免非洲国家债务以及扩大对非发展援助；利用参加亚非会议、“77 国集团+中国”峰会、亚非人民团结组织等全球南方国际机制的机会，进一步阐释南非对全球南方国家发展的认知和政策诉求，彰显了全球南方国家对消除贫困、不平等、不公正等议题的鲜明主张；利用举办多边论坛等时机，为全球南北国家围绕共同感兴趣的话题进行研讨提供重要平台，进一步促进全球治理完善进程。除了在地区和国际机制为全球南方国家发声外，1994 年以来，南非历任总统还通过年度国情咨文阐释对国际形势的看法以及明确南非的外交政策。例如，2024 年，南非总统拉马福萨在国情咨文中表示，“金砖国家的扩员为全球南方国家开展贸易以及加强政治外交关系创造了机会”，“发展非洲大陆自由贸易区，扩大经济参与，创造新的就业机会，可以改善南非和非洲大陆的经济关系”，并承诺“在2025年主办二十国集团领导人峰会时，南非将把非洲发展置于议程的首位”。

总的来看，1994年以来欧盟与南非外交关系的变化伴随着全球化发展以及大国力量对比的变化而持续演进。在全球经济形势较好、全球化稳步推进的时期，欧盟与南非的共同利益更容易凸显；而在全球经济形势低迷、逆全球化有所发展的时期，欧盟与南非的利益差异就相对突出，南非维护全球南方的诉求就会更明显，这无疑会增加欧盟与南非关系的复杂性。当然，鉴于南非独特的非洲地位以及在全球南方地位，南非在发展对欧盟关系时有一定优势。欧盟对南非的需求相比南非对欧盟的需求更大，因而南非更有底气和能力顶住欧盟的一些压力，在诸多地区和国际问题上坚持自己的立场，展现南非的外交特色。同时南非也可以借助非盟、金砖国家等平台，增强与欧盟博弈的能力，乃至推动欧盟在一定程度上作出让步。因而，欧盟与南非战略伙伴关系的多边性在一定程度上大于双边性。

第三节　欧盟与南非战略伙伴关系的未来发展

欧盟高度重视与南非的战略伙伴关系，强调双边战略伙伴关系是广泛而全面的，并以共同的政治、经济和发展利益为主导。欧盟支持南非的可持续发展和“公正绿色转型”。欧盟及其27个成员国不仅是南非的主要贸易伙伴，也是南非外国直接投资的主要来源。从欧盟和南非各自的表态来看，双方都有意愿促进双边战略伙伴关系发展，但是未来仍面临诸多不确定性因素的影响。

第一，尽管2024年议会选举给南非政局带来一定影响，但并未根本性改变南非对欧盟政策。南非外交政策与执政党或执政联盟关系密切。1994年以来，非国大长期执政，其对外政策尤其是对欧盟的政策虽然出现一些变化，但总体呈现既重视又审慎的特点。南非国内一些反对党基于政治利益和价值观等差异，对非国大政府的一些外交政策予以抵制甚至呼吁欧盟等西方力量对非国大政府施压，以促使非国大政府外交政策更多倾向西方。在2024年国民议会选举中，执政党非国大尽管只获得400个议席中的159席，仍位列第一，但是丧失了独立组建政府的权力。为此，非国大选择与民主联盟等组建联合政府。新的联合政府尽管内部政策有所调整，但是在对外政策上仍基本保持原有的外交立场。如2024年10月，拉马福萨就外交政策发表宣言，指出南非将坚定不移地维护对积极不结盟政策的承诺；南非不会卷入全球大国之间的竞争，反而会努力与所有国家合作并促进全球和平；普京和俄罗斯人民是“宝贵的朋友和盟友”，同时基于不结盟政策，南非能够与俄罗斯和乌克兰进行建设性接触。2025年3月，南非主办第八届南非-欧盟峰会。会上，双方重申了独特的战略伙伴关系；认可在清洁能源技术和可持续供应链方面拥有的共同利益，进一步加强双边贸易和投资关系；双方达成总额为47亿欧元的欧盟“全球门户”一揽子投资计划，以支持南非能源转型、基础设施建设以及疫苗生产；双方还表达了对多边主义的信念和承诺，承认基于规则的国际秩序以及《联合国宪章》的核心地位。

第二，欧盟及其成员国与南非开展双边战略合作仍面临不少难题。欧盟高度重视与南非的战略伙伴关系，认为其与南非有着共同的价值观，均坚持多边主义，因而双方开展战略合作的基础扎实；强调欧盟与南非是推动可持续发展的战略伙伴，欧盟将优先与南非在一些关键领域开展合作，如应对气候变化、发展绿色经济和数字经济、加强创新、促进经济包容性增长尤其是减贫、消除不平等、缓解失业等，增进欧盟与南非人民的友好。如作为“全球门户”计划的一部分，欧盟及其成员国向南非提供2.8亿欧元赠款（其中8770万欧元来自欧盟预算），用于支持南非绿色改革、加强基础设施建设以及应对气候变化，促进南非基于科技的转型。但是“全球门户”计划往往体现为大型项目，侧重与大型企业的合作，却忽视了对小农、小生产者的支持。同时作为“公正能源转型伙伴关系”的一部分，德国、法国以及欧盟将为南非提供30亿美元的融资，以加强南非电力部门改革，其中包括退役燃煤电厂、拆分现有国家电力公司、促进私营部门参与可再生能源的投资等。但是到2023年5月，南非政府鉴于国内日益强烈的反对声音，停止了燃煤电厂退役等工作。其原因包括“公正能源转型伙伴关系”力推能源供应私有化，将弱化政府对能源安全的控制，也将损害原有国家能源企业工人权益，还可能进一步增加南非债务。对此，南非政府难以接受包括欧盟在内的部分西方世界提出的能源转型计划。时任南非矿产能源部部长曼塔谢更是公开表示，“南非不想成为西方在全球能源转型中的小白鼠”。随着南非自身的发展以及南非与其他新兴经济体合作的加深，欧盟虽然仍可能是南非最大的单一援助方，但其发展援助可能将只占南非政府预算的很小一部分，而且欧盟与南非的发展援助合作可能会进一步减少。

从欧盟成员国来看，其内部差异较大尤其是发展水平不一，对外政策关注点也有所不同，对发展与南非关系的认知也不一致。目前多数欧盟成员国确立了自己的非洲战略或政策，但很少有完整的南非战略。部分欧盟成员国还没有将南非看作平等的合作伙伴，这容易引发南非社会各界的不满。欧盟不少成员国对英国“脱欧”心有余悸，因而更加强调欧盟内部的团结和一致行动，重视维护欧盟的共同立场，这可能会影响欧盟与南非关系。突出表现是2023年，波兰扣留随同拉马福萨出访乌克兰和俄罗斯的包机，进而引发波南两国外交争端。除德国、比利时、西班牙等一些老牌殖民国家外，欧盟其他成员国在非洲的利益相对不多，加上自身能力有限，因而在对非或对南非合作上力度有限。如丹麦与南非的历史合作关系现在已经收窄至清洁能源合作。此外，部分欧盟成员国有时对南非国内的民主政治、人权等进行公开的评论，甚至指责南非“民主倒退”，这些都容易引发南非左翼力量的不满，进而引发新的政治争端和外交博弈。

第三，大国竞争背景下的欧盟与南非博弈面临新机遇、新挑战。

当前国际舞台上大国竞争日趋激烈，欧盟认识到自身地位受到一定影响乃至冲击，因而在谋求在加强跨大西洋伙伴关系的同时，也谋求适当突出欧洲的战略自主地位，以更好维护自身利益。南非作为新兴经济体以及全球南方的突出代表，在国际事务中正越来越显示出全球南方国家的特征，谋求维护全球南方国家的整体利益。一方面，南非政府在参与南北对话和谈判中，不仅将发挥重要的沟通和对话作用，而且将更多维护全球南方共同利益。这将突出体现在二十国集团、联合国气候变化大会等场合，南非将更多倡导多边主义、谋求推动多极化、促进建立更为公平公正的世界。正如拉马福萨强调，“只有通过多边主义，我们才能找到符合各国人民共同利益的应对战略”。欧盟虽然也强调多边主义和多边共识，但大多倾向于自身奉行的所谓“普世价值”。欧盟渲染的当前多边主义危机与南非认知的多边主义危机内涵也有所不同，前者主要体现在包括欧盟在内的西方力量难以继续掌控二战结束后建立的有利于西方的国际体系，而后者则认为二战结束后的多边国际机制难以很好地维护全球南方尤其是最不发达国家的利益。在此背景下，包括欧盟在内的一些西方力量推行的“小多边主义”只会加剧世界的对抗，妨碍世界的可持续发展。如在国际贸易和全球供应链方面，南非作为规模相对有限的开放经济体，既重视维护自身的供应链安全，也重视强化非洲在国际供应链中的地位和作用。拉马福萨强调，非洲国家不再希望只出口原材料，而是希望出口高附加值的制成品。这表明非洲国家谋求不再依赖资源开采，希望推动建立一个更加公平公正的国际贸易环境。

另一方面，在南非政府政策仍倾向支持南南合作的背景下，其对外政策与欧盟的差异可能会更为明显。如南非高度重视金砖国家作用，视金砖国家合作为解决南非国内部分问题的促进力量。因此，南非谋求与其他金砖国家就共同关心的事项进行谈判并达成共识与合作，尤其是倡导和推进多边主义改革，呼吁国际机构更为公平和更具包容性；谋求成为金砖国家与非洲大陆贸易合作的连接枢纽，并争取为南非企业开拓更多的市场和投资机会。欧盟虽然并不认为金砖国家的扩员是直接挑战，但是对金砖国家合作机制充满复杂情感。如有的欧盟舆论对金砖国家扩员感到担忧，认为人们越来越关注金砖国家及新开发银行，其主要原因是诸多发展中国家在应对新冠疫情、气候变化、减免债务等方面感到被西方抛弃。对此，欧盟内部也出现多种应对金砖国家扩员的论调，其中一种是欧盟必须将金砖国家视为推动多边主义和国际体系变革的平等伙伴，与全球南方国家进行更多的政治和经济接触；对于国际货币基金组织或世界银行等多边机构，欧盟应积极倡导改革，并为此整合更广泛的国家而不是被动地等待替代性全球结构的出现。另外一种论调则主张加大与全球南方的接触力度，尤其是与全球南方联合发起发展倡议，并为之创造一个公平的竞争环境。如欧盟、金砖国家以及非洲国家可以围绕能源和气候变化开展多边对话并确定一个共同的路线图，以推动对共同关心的问题作出集体反应。上述行动能够分摊欧盟投资的成本和风险，扩大市场机会，进而更好地支持非洲的需求。对于欧盟的相关认知或主张，南非或将继续坚持全球南方国家立场，力争在维护全球南方利益的同时适当体现其与包括欧盟在内的西方力量的一些共识，从而营造更好的国际发展环境。

第四，非盟框架下的南非与欧盟战略伙伴关系潜力仍需进一步挖掘。目前欧盟已经将非盟上升为重要伙伴，并建立了欧盟与非盟峰会、部长级会议、委员会会议等一系列对话机制，谋求通过政治和政策对话来深化合作。欧盟有意拉拢非洲，谋求通过与非盟及其重要成员国的合作来影响非洲并推动在变化的世界中实现共同利益。南非作为非洲重要经济体以及中等收入国家，被视为非洲地区大国，同时南非的外交政策也优先关注非洲议程，因而南非不仅被视为一个非洲国家，而且被看作非洲大陆的代表。欧盟高度重视南非在非洲地区的影响力，注意通过与南非的战略互动来影响非洲地区的发展。由于南非重视非盟，并注意推动非盟框架下的南非、非盟与欧盟合作，这使得非盟框架下的南非与欧盟关系走向受到越来越多的重视。目前来看，欧盟对非盟外交取得了一定成功，迄今双方共举行六次峰会，明确了到2030年的合作愿景，尤其是突出在绿色转型、交通网络、可持续农业、医疗保健和教育等方面的战略合作；强调新的欧盟与非盟伙伴关系将建立在相互承认历史、相互尊重主权、共同价值观、相互平等等基础上。欧盟还将通过“全球门户”计划以及非盟2063年议程，继续向非盟及其成员国提供支持。但是也要看到欧盟并没有将非洲视为真正的伙伴，也没有从根本上关注非洲利益并照顾非洲的关切。其突出表现是欧盟基于自身的发展阶段来设计非洲国家的发展规划并设定严格的标准；欧盟未能对非洲国家要求的提高特别提款权占比作出更为明确的承诺；欧盟对非援助承诺非常宏大，但缺乏有效的预算保障；对非洲国家关心的债务减免问题，欧盟也未有更大的承诺和举措；对非洲国家关切的特定国家军事政变、国家内部冲突、国家间冲突等问题，欧盟的立场也充满争议。如果欧盟及其成员国只是在纸面上支持非洲国家和非盟的发展，并在实践上为非洲国家发展设置障碍，从而使得欧盟对非合作继续呈现“拿走”大于“付出”的局面，那么南非作为非盟重要成员国以及非洲议程重要代言人，就难以对欧盟表现出更为积极的态度。

第四节　总结

欧盟长期以来高度重视南非的特殊地位，谋求从双边、多边等多个层面发展战略合作，推进战略伙伴关系。这也与1994年后南非政府的外交政策调整、南非作为新兴经济体国际影响力上升的进程同步演进。南非政府基于本国的地区和国际环境以及南非的自然条件，在突出全球南方国家特色的同时，也注意发挥连接南北关系的桥梁作用，进而在变化的世界中展现南非外交特色、维护南非国家利益。鉴于对南非的需求和期待较高，欧盟在经济、外交等多个方面积极主动接触南非，并支持南非在地区和国际事务中发挥更大的作用。为此，欧盟与南非建立多层面的交流机制，讨论双方共同关心的一些重大议题，促进双方更好地理解彼此并推动务实合作。对于欧盟的高度重视和主动作为，南非政府也作出相应的回应，尤其是积极评价欧盟对南非的援助和支持。但是南非也认识到欧盟并非真正将南非和非洲看作平等的合作伙伴，也并非真心实意地支持非洲国家可持续发展、支持扩大非洲国家在现有国际体系中的代表性，以及促进解决事关南非和其他非洲国家和平、发展与稳定的重大事务，因而对欧盟的有关合作承诺只表示谨慎乐观。对于欧盟承诺的落空、自私自利的行径、干涉部分非洲国家内部事务的行为，南非政府也不时表达愤慨或反对，这些表态也提升了南非作为非洲“领头羊”的形象。

面向未来，欧盟与南非的战略伙伴关系还面临一定的不确定性，这突出体现在南非坚持不结盟以及倾向全球南方的外交政策，进而使得南非在乌克兰危机、巴以冲突等问题上持续发出客观公正的声音，同时深度融入金砖国家等多边合作体系。这些在一定程度上会影响到欧盟与南非的战略合作。当然，在经济贸易等层面，南非仍需要借重欧盟的市场、资金，以进一步发展自身。欧盟出于维护同南非关系以及维护部分成员国在南非利益的需要，也会根据形势继续推进对南非的务实合作。

第六章　淡化的欧盟与墨西哥战略伙伴关系

20 世纪 90 年代中后期，欧盟基于对墨西哥的特殊地理位置及其北美自由贸易区成员国地位，逐步重视与墨西哥的双边关系并将之上升为战略伙伴关系。然而这一战略伙伴关系的缔结很难说具有突破性效果，其相关效应最初并不明显，影响也相对有限。随着欧盟对拉美地区重视的增多，其逐步加强与包括墨西哥在内的拉美主要国家以及各类区域和次区域组织的关系并不断丰富相关合作内涵。但在 21 世纪第二个十年，欧盟与墨西哥的战略合作在取得一些成就的同时日益流于形式，尤其是艰难达成的《欧盟经济伙伴与政治协调及合作协议》（以下简称“全球协议”）现代化阶段性谈判成果迟迟得不到欧盟方面的最终批准。下一步，全球协议现代化能否获得欧盟批准将直接影响欧盟与墨西哥的战略伙伴关系走向。

第一节　欧盟与墨西哥双边关系发展历程

墨西哥是拉美第二大经济体，具有优越的地理位置，它不仅与美国接壤，而且是连接全球北方和全球南方的重要桥梁。欧洲与墨西哥的交往历史可以追溯至 500 年前，双方有着悠久的历史和文化关系。19 世纪 20 年代，美国谋求独霸拉美地区并排斥欧洲力量干涉拉美事务。二战结束后，西欧国家开始重视发展与包括墨西哥在内的拉美地区国家关系，进而推动欧墨关系发展。

第一，冷战期间的积累（20 世纪 50 年代至 1991 年）。20 世纪 50 年代，墨西哥就接受进口替代制造理念，通过引进国外先进技术、设备以及急需的原材料，来推动发展民族工业。墨西哥是拉美地区第一批关注和重视欧洲一体化进程的国家，在 1958 年就与欧洲经济共同体开展合作。1960 年，欧方与墨西哥签署协定并正式建立双边关系。1961 年至 1963 年，欧洲经济共同体与拉美国家建立联系小组，墨西哥也在其中。20 世纪 70 年代开始，墨西哥的世界经济地位不断提升，其与欧共体的务实合作关系有所增强。如墨西哥积极推动在 1971 年建立拉美与欧共体布鲁塞尔对话机制，以深化双边交流与合作。20 世纪 70 年代初，墨西哥政府由于进口替代战略受挫、对美依赖过重等问题面临较大挑战，意图加强与欧共体的关系。1975 年，墨西哥与欧共体签署框架合作协议。按协议约定，墨西哥理论上获得欧共体最高的优惠待遇，但实际上该协议并未能帮助墨西哥产品更好地进入欧共体市场。20 世纪 80 年代，随着墨西哥不断扩大对外开放、欧洲一体化进程加快发展，尤其是西班牙和葡萄牙加入欧共体，欧共体与墨西哥的关系获得新的发展动力，进而带动双边合作进入新的发展阶段。但是也要看到，1973 年全球石油价格暴涨虽然给墨西哥带来了短期的收入剧增、国家投入增多以及居民消费能力提升等利好，但是在石油价格下跌后墨西哥遭遇了重大经济挑战，如货币贬值、债务增多、消费下降、贸易逆差扩大等，进而使该国在 20 世纪 80 年代陷入经济衰退。为此，墨西哥不得不实施自由主义经济改革，其中包括贸易自由化、放松管制、私有化以及扩大劳工市场灵活性等。随着墨西哥深化贸易和投资改革，其于 1986 年加入关税与贸易总协定，这使得墨西哥市场更具有吸引力。1989 年，欧墨双方决定延长 1975 年的框架合作协议并于 1991 年签署新协定，其聚焦经济贸易合作并为双方关系注入更大的活力。

第二，冷战结束后的新发展与新突破（1991年至2008年）。苏东剧变之后，世界形势发生深刻复杂变化，墨西哥进一步融入世界并深化对外经济合作，如1992年该国与美国、加拿大签署《北美自由贸易协定》，1993年加入亚太经济合作组织。同时随着1993年欧盟的正式成立及其对外关税的进一步调整，欧盟与墨西哥的双边合作也迎来新机遇。从1994年开始，墨西哥为化解国内经济金融困境，实施了世界银行和国际货币基金组织拟定的改革方案，以进一步推进自由化进程。与此同时，随着《北美自由贸易协定》对墨西哥积极效应的显现以及墨西哥成为新兴经济体中第一个加入经济合作与发展组织的国家，欧盟对墨西哥的兴趣加大。这些都促使双方表现出深化彼此合作乃至建立自由贸易关系的意愿。不过，欧盟部分成员国由于担心双方民主规范不一致以及墨西哥人权记录不佳而缺乏热情，进而使得欧盟与墨西哥的双边深层次合作谈判难以启动。随着《北美自由贸易协定》的排他性逐步显现，加之全球化进程的加快、技术革命升级、国际权力转移加速以及新自由主义模式遭遇危机，欧盟与墨西哥双边合作不断面临新挑战，这促使欧盟决定启动与墨西哥的合作谈判。为期四年的谈判虽然历经艰辛，但最终还是在1997年完成并顺利缔结了全球协议。该协议于2000年生效，是欧盟与拉美地区国家签署的第一个此类协议，重在缓解《北美自由贸易协定》带来的贸易冲击以及增进欧墨相互关系。全球协议构建了一定的优惠待遇框架，以促进发展欧盟与墨西哥的政治、贸易与合作关系。还引入了正式的高级别对话机制、注意应对不断增多的国际问题（如环保、可持续发展等）。全球协议在七个方面取得一定成功，其中包括扩大贸易、增进互信、扩大欧盟资金流入墨西哥等。由此，墨西哥成为非欧洲国家中与欧盟建立机制化联系最多的国家之一。欧盟与墨西哥双方高层来往不断并围绕共同关心的议题进行了广泛深入交流，进而为双边深化合作营造了更为良好的环境。在全球协议生效后的几年里，欧盟和墨西哥之间的双边贸易额增幅超过100%。双方均认为可以建立更为深入的合作关系，从而将双边对话和合作机制转化为越来越多的合作果实。尤其是在反恐、应对气候变化、化解国际金融动荡等诸多议题上，双方可以开展更多有效的多边协调，以促进全球治理深入发展。2005 年，欧盟与墨西哥签署科技合作协定，并进一步深化双方在文化、中小企业、贸易便利化等领域的新合作。2006 年，欧洲投资银行与墨西哥签署一项新的框架协议，以支持该国基础设施和环境领域的发展。2007 年，欧盟给予巴西战略伙伴关系地位，这无疑刺激了同为拉美大国的墨西哥的兴趣。2008 年下半年，欧盟与墨西哥达成战略伙伴关系，双方希望可以以此进一步促进彼此在多边舞台上的协调并促进欧盟同拉美伙伴在地区核心事务上达成更多共识。具体来看，欧盟与墨西哥的战略伙伴关系主要体现在两个层面：一是增进双方在多边层面的全球事务协调；二是进一步提升双方发展双边关系的政治意愿。

第三，探索实现全球协议现代化时期（2008 年至今）。2010 年欧洲理事会通过了欧盟与墨西哥战略伙伴关系联合执行计划。在 2013 年欧盟与拉共体峰会期间，欧盟与墨西哥决定对全球协议进行全面升级。2016 年，欧墨双方开始进行全球协议现代化的谈判并在 2018 年 4 月达成原则共识。这一共识有助于促进欧盟企业向墨西哥提供更多服务，保护墨西哥工人权利和环境，以及促进双边 99%的商品免税交易，而其余 1%的部分（主要为奶制品和肉类）则可能会在后续谈判中逐步取消。这无疑极大地推动了欧盟与墨西哥的务实合作。实际上自 1999 年到 2017 年，欧盟对墨西哥的投资额达到 1748 亿美元，约占墨西哥同期吸引外资总额的 35.9%。自 2000 年到 2018 年，欧盟与墨西哥的双边贸易额增加近两倍，由 208 亿美元增至 617 亿美元。2019 年 9 月，欧盟与墨西哥重申对战略伙伴关系的承诺，同意在完成原则协议之后继续努力敲定剩余的未决问题，这为签署和随后批准该协议铺平道路。2019 年 11 月，欧盟与墨西哥举办多边事务高级会议，以加强双方多边合作。2020 年 4 月，欧盟与墨西哥成功解决了新贸易协定中最后一个悬而未决的问题，双方同意相互开放公共采购市场以及提高公共采购过程的可预测性和透明度，进而完成了全球协议现代化的谈判。全球协议现代化是对 2000 年生效的全球协议的继承和发展，将取消欧墨双边所有农产品关税、简化海关程序、为可持续发展设定进步的规则、打击公私部门的腐败、便利进入彼此公共采购市场、加强知识产权保护水平、开放服务贸易、改善投资环境。2020 年 5 月，欧盟与墨西哥举办多边问题高级别对话，强调在新冠疫情背景下双方全球行动一致的重要性。2020 年 10 月，欧盟与墨西哥隆重庆祝全球协议生效 20 周年并举办第 14 次欧盟与墨西哥贸易联合委员会会议，评估了全球协议现代化的问题，强调将继续开放市场，以更好地应对来自新冠疫情以及保护主义的挑战。近 20 年来，欧盟与墨西哥的贸易关系稳步发展，尤其是 2020 年欧盟成为墨西哥的第三大贸易伙伴，墨西哥则成为欧盟的第七大贸易伙伴。

在英国“脱欧”前，墨西哥未雨绸缪，以妥善处理与欧盟的战略伙伴关系。如 2020 年 12 月，墨西哥与英国签署贸易延续性协定，为英国“脱欧”过渡期做好墨西哥与英国的贸易优惠安排。2021 年 3 月，欧盟与墨西哥联合议会委员会召开会议，探讨最终完成欧盟与墨西哥全球协议现代化。2022 年 7 月，欧盟与墨西哥举行第十次人权问题高级别对话；12 月欧盟与墨西哥举行第二次多边问题高级别对话并强调这次对话为加强墨西哥与欧盟之间的多边合作提供了机会，有利于促进双方继续努力应对气候变化、保护生物多样性、加强全球粮食系统安全、巩固民主以及维护多边主义。2023 年 1 月，欧盟外交与安全政策高级代表博雷利表示，“欧盟委员会坚定地致力于完成欧盟与墨西哥的全球协议现代化”；6 月，欧盟委员会主席冯德莱恩访问墨西哥，这是欧盟委员会主席 11 年来首次访墨，旨在重新启动欧盟与墨西哥双边关系以及加强双方战略伙伴关系。此访期间，欧盟确认将墨西哥视为供应北美和欧洲市场的战略能源来源地、工业和物流中心，墨西哥则确认来自欧洲的投资对该国非常重要；双方高层确定了共同的优先事项和挑战，如消除不平等、减贫、保护人权、推进能源转型、应对气候变化、保护生物多样性等；欧盟“全球门户”计划也承诺优先向墨西哥提供支持，涵盖可持续金融、公共卫生、疫苗生产、可持续能源以及可持续水资源管理等。2025 年 1 月 17 日，欧盟与墨西哥结束关于全球协议现代化的政治谈判。新协议旨在通过取消关税、减少非关税壁垒，为欧盟和墨西哥企业创造公平的竞争环境。同时体现了欧盟与墨西哥在人权、多边主义以及国际和平与安全等方面共同关切。在完成最终法律审查之后，欧盟和墨西哥将分别签署、批准该协议，这将标志着欧盟与墨西哥的战略伙伴关系进入到一个新阶段。

第二节　欧盟与墨西哥战略伙伴关系的特点

从欧盟选择建立战略伙伴关系的标准来看，其虽然看重墨西哥的地区和国际地位，强调双方拥有共同的价值观和目标，并推动双方开展了一系列重要合作，但是欧盟与墨西哥的战略伙伴关系既不成熟也不对等。

第一，欧墨战略伙伴关系的战略性有所欠缺。从现状来看，尽管欧盟与墨西哥表态要在经济、政治、文化、社会、外交等方面开展全方位合作，从而强调双方合作的高层次、高水平特性，但是这并没有从根本上显示欧盟对墨西哥的高度重视以及给予的额外优惠。这是因为墨西哥既不是欧洲国家，也不属于欧盟优先关注的国家行列，因而墨西哥获得欧盟认可并建立战略伙伴关系的时间较晚。欧盟认为，受地理因素影响，其与墨西哥面临共同的安全、移民及人权等问题；与墨西哥有着相近的历史和文化渊源，分享着民主、法治等共同价值理念；与墨西哥不断发展的务实合作，有利于双方构建更为紧密的政治联系，并促进墨西哥在国际政治上理解和支持欧盟。但是与墨西哥的战略伙伴关系，对欧盟而言并非具有突破性意义或具有不可替代性（相对欧盟其他战略伙伴而言）。这是因为欧盟对战略伙伴区别对待，其视老牌西方强国为核心伙伴，而对新兴经济体则有着不同的认知和利益诉求，并非只要双方建立战略伙伴关系就会一直保持友好，而是可能伴随着利益纠纷、价值分歧等扩大而陷入不同形式的争议乃至冲突。尤其是在经历国际金融危机以及新冠疫情等重大冲击后，欧盟的贸易政策集中在经济复苏以及实现经济的生态化和数字化，进而推进建立一个更有竞争力、更具弹性的欧盟。为了变得更强大，欧盟注意统筹内外政策并集中使用各种资源，进而支持实现欧盟的目标并维护欧盟利益。对墨西哥而言，其更看重对欧盟战略伙伴关系的务实性，而非所谓的共同价值、发展道路及法治等原则性诉求。2023 年，欧盟是墨西哥的第三大贸易伙伴（双边货物贸易额为 817 亿欧元），仅次于美国和中国；欧盟则是墨西哥仅次于美国（286 亿欧元）的第二大出口市场。欧盟继续对墨西哥维持贸易顺差，贸易盈余从 2022 年的 211 亿欧元增至 2023 年的 246 亿欧元。与拉美地区其他国家相比，欧盟与墨西哥的货物贸易主要集中在工业制成品以及少量的农产品。当然，欧盟与墨西哥在 2025 年 1 月结束的全球协议现代化谈判，对墨西哥无疑是重大利好。全球协议现代化将通过更深入的贸易一体化及经济合作助力墨西哥发展。尤其是墨西哥商品可以扩大进入欧洲市场，这不仅将促进墨西哥出口商品多元化并提升墨西哥出口能力，而且将增强墨西哥的经济实力。全球协议现代化将提供关键原材料，支持墨西哥的绿色和数字化转型，以促进墨西哥可持续发展；还将在很大程度上保障墨西哥工业发展的供应链安全，助力墨西哥产业开放并实现经济稳定增长。

第二，美国及拉美是欧盟深化对墨战略伙伴关系的重要因素。墨西哥地理位置优越，既属于北美地区也属于拉美地区，因而其在北美多边合作以及拉美多边合作中均占有特殊的位置。

其一，《北美自由贸易协定》在 1992 年签署并于 1994 年生效后，对欧盟产生一定影响。尤其是墨西哥利用这一自由贸易协定，积极扩大对美国和加拿大的出口，进而实现了自身发展。欧盟担心北美自由贸易区的封闭效应可能对自身产生一定冲击，尤其是《北美自由贸易协定》促进北美三国内部贸易和投资，对欧盟汽车制造等产业带来不小的冲击，因而欧盟谋求通过深化与墨西哥的合作并借助墨西哥市场加强与美加两国的经济贸易合作。在特朗普第一任期，《北美自由贸易协定》遭遇明显挫折。2018 年 12 月，美国、墨西哥与加拿大三国领导人签署了取代《北美自由贸易协定》的《美墨加协定》。虽然新的《美墨加协定》中关于贸易自由化的表述与原《北美自由贸易协定》相比差异不大，但是对欧盟无疑也有着一定的影响，且集中体现在汽车制造、食品和饮料、奶制品等领域。此外，《美墨加协定》还涉及选择性限制问题，尤其是自愿出口限制等问题，这与世界贸易组织的有关规范并不相符，对美墨加三国以外的贸易伙伴产生一定冲击。自 20 世纪 90 年代初以来，欧盟密切关注北美三国的贸易合作情况，谋求最大程度趋利避害。而欧盟扩大与墨西哥的投资和贸易关系，无疑反映了其相关设想和政策。

其二，拉美一体化进程中墨西哥影响力的提升吸引欧盟更多关注。墨西哥地理位置特殊，自独立以来就高度重视拉美地区团结与地区经济一体化，并与地区国家一道推动构建不同形式的区域合作机制。作为拉美国家中仅次于巴西的第二大经济体，墨西哥在推进拉美区域合作时，受到地区国家的高度重视并被寄予较高的期待。如 2017 年，墨西哥宣称要加强在拉美地区的存在、作用和重要性，以服务该国的政治和贸易多元化战略。2019 年，墨西哥政府制定一项外交策略，谋求恢复本国在拉美地区的领导地位。自 20 世纪 90 年代中期以来，欧盟围绕应对地区和国际挑战与墨西哥加强多边沟通与合作。尤其是 1999 年，欧盟推动举办首次欧盟与拉美和加勒比国家峰会。2011 年拉共体成立后，很快成为欧盟的区域合作伙伴并与欧盟分别在 2015 年和 2023 年举行峰会。欧盟还不断扩大与其他拉美国家及拉美地区次区域组织的合作。欧盟已成为拉美地区重要的发展援助提供方，自 2021 年至 2027 年欧盟计划通过“邻国、发展与国际合作工具”向拉美国家提供 34 亿欧元的援助，以支持拉美国家的绿色转型、数字转型、可持续与包容发展、民主治理、安全与移民等事务。欧盟对上述活动中墨西哥的参与和贡献予以赞赏，并期待与墨西哥相向而行。欧盟与墨西哥对2023年的欧盟与拉共体峰会均表示满意，认为这将使两个区域的长期伙伴关系得到更新和发展，也将使两个区域可以更好地应对不平等、气候变化、全球安全威胁等挑战。

第三，墨西哥内部政治形势变化对本国外交政策影响较为明显。墨西哥独立之前曾遭到欧洲殖民以及外部的持续干涉，因而对于外部威胁比较敏感，致力于维护国家主权和强调不干涉原则。这种思想在20世纪相当长一段时间里指导了墨西哥的对外政策，但是当长期执政的墨西哥革命制度党在2000年下台后，新的墨西哥右翼政府强化对西方理念与政策的认同，重视与包括欧盟在内的西方世界的沟通与协调，其中最值得注意的是墨西哥实施以捍卫人权、民主、环境和反腐败为导向的外交政策，谋求更积极地参与联合国事务、改善对美关系以及保护墨西哥移民。2018年墨西哥左翼政府上台后，又强调“没有比国内政策更好的外交政策”，意在优先解决国内问题并基于国情以及国内国际形势变化发展对外关系，以促进本国发展和加强社会团结。可以说，左翼执政后墨西哥外交政策重新回到不干涉原则，侧重推进经济外交，注意避免盲目追随欧盟等西方力量。针对墨西哥与欧盟战略伙伴关系的新形势，墨西哥一方面谋求通过经济贸易合作争取更多的外部投资和支持，以完善国内发展环境；另一方面对欧盟部分成员国乃至欧盟的整体内外政策作出客观务实的评价，展现出墨西哥的独特外交立场。如2021年，在墨西哥独立200周年之际，墨西哥政府公开谴责欧洲殖民者历史上对本国原住民实施的压迫和剥削，要求相关欧洲国家道歉并与墨西哥原住民和解。对2022年欧洲议会以压倒性多数通过的谴责墨西哥涉嫌侵犯新闻自由和记者权利的决议，墨西哥政府予以严厉批评，时任总统洛佩斯更是公开反驳并强调“不要忘记，我们不再是任何人的殖民地，而是一个有着自由、独立和主权的国家”。对于欧盟等一些西方力量干涉拉美左翼政权，墨西哥也予以反对并与部分拉美遭打压左翼政权保持密切沟通甚至予以声援。对此欧盟并不满意，认为“墨西哥在人权和民主方面的无所作为，纵容拉美部分威权国家政府生存并获得更多合法性”。随着欧盟更多介入地缘政治分歧，谋求推动更多全球南方国家支持其地缘政治或地缘经济诉求，墨西哥政府基本保持中立态度并坚持公平正义的立场，不仅声援一些被压迫民族，也反对发动帝国主义战争。受外部环境影响，墨西哥政府对加入金砖国家的态度出现摇摆，如总统洛佩斯一度公开表态，“我们不会寻求加入金砖国家，我们的重点仍然是加强与北美以及整个美洲国家的伙伴关系，这是由地理位置和地缘政治等因素驱动的”。但是面对新兴经济体的集体崛起以及南南合作的深入发展，墨西哥无疑有了更多的合作选择，因而欧盟、美国等西方力量在发展对墨关系时无疑会有所顾忌，避免刺激墨西哥外交战略激烈调整。

第三节　欧盟与墨西哥战略伙伴关系发展前景

欧盟与墨西哥关系长期以来受到全球协议现代化谈判进程的影响。随着 2025 年年初双方完成全球协议现代化政治谈判进程，欧盟与墨西哥双边关系框架更为清晰，除了全面加强贸易合作之外，双方还将深化在气候变化、人权等诸多共同关心议题上的合作。当然，欧盟与墨西哥还需要各自完成内部法律程序，从而使得双全球协议现代化正式生效。值得注意的是，即便欧盟与墨西哥均批准了全球协议现代化，但仍需重视美国因素的可能干扰。

第一，2024 年两场选举将继续深刻影响欧盟与墨西哥关系走向。2024 年对欧盟和墨西哥而言都是极为重要的一年，因为双方各自面临一场相当重要的选举，分别是欧洲议会选举和墨西哥总统选举。这两场选举都对双方的政治生态及对外政策产生较大影响。其一，欧洲议会在 2024 年选举后仍重视加强与墨西哥的沟通和对话。2024 年 6 月 3 日，欧洲议会祝贺辛鲍姆历史性当选为墨西哥第一位女总统，希望进一步加强与墨西哥的战略伙伴关系，期待与新一届墨西哥政府合作，围绕经济、绿色转型、社会包容、安全和数字议程等共同关心的领域深化合作。欧洲议会欧盟-墨西哥议会联合委员会主席安东尼奥·洛佩斯-伊斯图里兹·怀特2024年10月3日表示，在作出更新全球协议承诺的同时，应加强欧盟和墨西哥之间的文化、经济和贸易关系，以及联合开展打击有组织犯罪、毒品贩运等合作。欧洲议会还于2025年4月对完成全球协议现代化政治谈判表示祝贺，认为“该协议加强了欧盟与墨西哥的战略伙伴关系，认可墨西哥在拉美的关键作用以及该国通过贸易和政治伙伴关系多元化减少对美国经济依赖的意图”。其二，左翼候选人赢得2024年墨西哥总统选举并延续了左翼的对外政策。2024年的墨西哥总统选举是执政党与反对派候选人的对决，执政党候选人辛鲍姆最终赢得选举胜利。辛鲍姆多次声明要维护前总统洛佩斯的政治遗产，其当选后也延续上届政府的对外政策并对欧盟抱有相同或相近的态度。这一政策的核心是坚持遵守不干涉内政、国际合作促发展、人民自决和建设和平的宪法原则。同时对一些具体议题也有所表达，如反对新自由主义，提出建立一种道德经济，确保公平的收入分配以及对环境的尊重；对中国和巴西提出的乌克兰危机解决方案表示赞赏；推动将加沙问题诉诸国际刑事法院以及实现“两国方案”等。在对外贸易方面，辛鲍姆政府优先重视《美墨加三国协定》，认为该协定是促进墨西哥经济增长的基本支柱，并认为美国2024年大选以及2026年对《美墨加三国协定》的审查将影响到墨西哥的对外贸易合作。辛鲍姆政府还积极推进近岸外包，吸引外国投资并推动承接全球产业链转移，以减少对远程供应商的依赖并提高墨西哥的竞争力。此外，辛鲍姆政府对特朗普再度就任美国总统后挑起关税战表达了强烈愤慨，积极与国际合作伙伴沟通对话，以化解对外贸易压力。欧盟鉴于欧墨面临的共同难题以及深化对拉美关系的重要性，在改善欧墨关系方面表现出更大积极性。这在客观上为双方在2025年年初完成关于全球协议现代化的政治谈判创造了有利条件。2025年5月，墨西哥与欧盟在布鲁塞尔举行第十届高级别政治对话，双方讨论了全球协议现代化谈判取得的进展，并就及时签署该协议、筹备第八届墨西哥与欧盟峰会等达成一致。

第二，当前欧盟与墨西哥战略伙伴关系面临重要机遇。2025 年年初，欧盟与墨西哥完成关于全球协议现代化的政治谈判并非巧合，而是双方在全球地缘政治格局重构、美国政府政策不确定性高企等重大背景下，采取的重大战略举措。欧盟公开肯定了墨西哥总统辛鲍姆对推动双边关系所作出的贡献。2025 年 4 月，欧盟委员会执行副主席、竞争事务专员特蕾莎·里贝拉在访问墨西哥时表示，能源将被纳入全球协议现代化，其重点是向清洁和可再生能源过渡，同时强化能源和农业食品供应的可持续性。2025 年 6 月，辛鲍姆出席在加拿大举办的七国集团峰会期间，会见欧洲理事会主席科斯塔和欧盟委员会主席冯德莱恩，欧盟表态将在 2026 年年初同意并签署全球协议现代化。目前来看，欧盟和墨西哥在各自完成最终法律审查后，有望签署并批准通过该协议。一旦协议生效，其对双方带来的利好十分明显。对欧盟来说，墨西哥不仅是一个蓬勃发展的大市场、进入北美的平台，而且也是促进全球可持续发展以及稳定现行国际秩序的伙伴。同时，墨西哥也是欧盟扩大对拉美合作的一个重要路径。如果欧盟与南方共同市场完成自由贸易协定谈判，欧盟有望进一步扩大对拉美的影响力。对墨西哥来说，一旦全球协议现代化生效就意味着该国有了扩大进入世界最大市场之一的机会，同时也可借此吸引欧洲对墨西哥先进制造业等战略领域的投资。

第三，大国竞争下的拉美形势走向将引发欧盟对墨西哥认知的变化。21 世纪以来，随着新兴经济体的快速发展、大国拉拢拉美地区国家的力度加大以及全球形势的进一步深刻复杂发展，拉美主要经济体获得了域外大国或国际机构的更多重视、拉美次区域或区域组织也获得更多的集体对话与合作机会。上述变化对包括墨西哥在内的拉美地区国家在很大程度上具有积极意义，使其获得更多的商业与外交合作伙伴，明显扩大了对外合作空间。但是这也引发美欧等拉美传统合作伙伴的不满和疑虑，认为这将加剧拉美地区的地缘政治冲突风险，并影响拉美地区的人权、民主等议题走向。对此，包括墨西哥在内的拉美地区国家则有着自己的价值判断和利益评判并作出了各自的反应。如墨西哥谋求利用各种贸易优惠协定推进市场多元化，适当缩小对单一市场的依赖；强调外资的重要性，谋求适当加大对外资的保护；提升知识产权保护力度，加强惩罚侵权行为；不断完善法律环境和行政体系，改善营商环境，释放经济潜力。墨西哥还推进符合自身国情的经济社会政策，其核心是推进绿色发展和数字化转型，进而为国家发展奠定基础。同时，拉美区域治理也因为其他大国对拉美地区的整体重视以及地区国家集体合作稳步发展而面临新局面。由此，墨西哥可以同时兼顾本国与域外新兴经济体的双边合作以及拉美地区与域外新兴经济体的合作，进而实现多层次的对外合作。此外，目前来看，拉美左翼尽管面临一定的挑战，但仍掌握了十多个国家政权，这对左翼执政的墨西哥而言无疑有一定积极意义，有利于墨西哥推进拉美地区内部合作以及协调地区国家协同对外谈判与合作。

当然也要看到，墨西哥作为中等国家，虽然加入了二十国集团、经济合作与发展组织等国际组织并因此拥有了一定的国际影响力，但是墨西哥对多边机构能够起到的影响仍相对有限。墨西哥受自身实力、关注重点、外交风格以及对外行动能力等因素影响，无论是维持作为全球南北联系桥梁还是试图扮演拉美区域合作“领头羊”都可能面临不小的难题。此外，美国基于对墨西哥国内改革政策的判断以及对墨西哥坚持不干涉主义的不满，对发展与墨西哥的关系有着一定的疑虑。这些都可能影响到欧盟对墨西哥的实际看法并进行相应的政策调整。考虑到墨西哥的国家实力、地区影响力及国际地位，无论墨西哥向何处去，欧盟都将对墨西哥保持一定程度热情，以争取合作。如果大国对拉美的竞争更为激烈，不排除欧盟基于全球战略需要，给予墨西哥更高待遇，以强化自身对拉美的影响力。

第四节　总结

鉴于历史、文化、地缘政治、经济等因素，欧盟将拉美地区国家看作天然的伙伴并谋求通过伙伴关系拉拢拉美地区国家，以增进欧盟的跨大西洋关系发展。欧盟委员会主席冯德莱恩更是直言，“欧盟可以成为拉美地区的首选合作伙伴”。随着欧盟全球角色的不断强化，以及欧盟谋求扩大影响力和推广欧盟的价值理念，欧盟对拉美地区主要国家的重视有所提升，并与拉美主要国家、次区域组织及区域组织等建立各种形式的交流和对话机制，但是效果并不明显，一段时间内甚至出现了欧盟可能“失去拉美”的疑虑。在此情况下，欧盟逐步加大重视与墨西哥的战略伙伴关系，注意利用墨西哥的特殊地理位置，以推进与北美以及拉美的区域合作。但是欧盟此举并非为了实现双赢或多赢，而是担忧欧盟在大国竞相拉拢拉美地区国家的情况下利益受损，因而必须有所作为。同时欧盟在对与墨西哥建立更紧密的经济贸易合作关系方面，坚持以高标准的规范来约束墨西哥，希望以此为欧盟扩大对墨投资等营造更可靠的环境。在欧盟与墨西哥完成全球协议现代化谈判的情况下，欧盟方面连续多年未能批准协议，这引发欧盟高层的担忧以及墨西哥的不满。

墨西哥作为全球南方国家，在很多问题上坚持独立立场并谋求推动国际秩序向更加公正、合理的方向发展。但由于同美国接壤且自身发展与美国密切相关，墨西哥需要优先处理好对美关系，尤其是围绕一些地区和国际问题直面美国乃至整个西方的压力。但是墨西哥有着自己的价值判断和政策坚持，为进一步吸引欧盟资本以及扩大双边贸易，争取欧盟尽快完成批准全球协议现代化，该国左翼政府已经作出了一定程度的妥协和让步。但是墨西哥不可能无限制让步甚至接受损害国家主权的条款，否则墨西哥政府将面临垮台的风险。在对待拉美国家关系方面，墨西哥往往保持较高的独立性：一方面支持拉美一体化进程，并在拉美整体对外谈判中保持强硬态度；另一方面公开对欧盟干涉部分拉美左翼国家内部事务表达不满，支持拉美左翼国家的自主探索发展道路以及地区左翼国家的团结与合作。

值得注意的是，尽管一段时间以来欧墨双方均作出了积极表态，谋求推动尽快完成全球协议现代化，但是受欧盟内部提高要价、少数成员国掣肘等因素影响，2023 年、2024 年均未能通过全球协议现代化。这无疑进一步破坏欧盟在拉美地区的信誉，同时欧盟与南方共同市场的自由贸易协定也迟迟未能批准。而 2025 年年初欧盟与墨西哥完成关于全球协议现代化的政治谈判，具有重要的战略价值和现实意义。因为这将为欧墨双方创造新的经济合作机会，促进欧盟农产品对墨西哥出口，支持墨西哥的绿色和数字化转型以及可持续发展，促进双方解决经济贸易等争议，推动双方在多边舞台上加强合作，进而为欧墨战略伙伴关系开启新的局面。

第七章　有效发展的欧盟与韩国战略伙伴关系

根据世界银行、经济合作与发展组织等统计数据，韩国经历二战结束后的长期高速发展，已经进入高收入国家行列，尤其是国内生产总值长期处于世界前列。2022 年，韩国经济出现自 2008 年国际金融危机以来的最大降幅，经济规模排名也下降了两个名次，名列全球第 13 位。考虑到韩国特殊的发展阶段，其仍被部分国家、国际机构、跨国公司定位为新兴经济体，如摩根士丹利资本国际指数曾认为韩国属于发展中市场。与此同时，欧盟自从冷战结束之后，逐步重视发展对韩关系并将韩国定位为重要的战略伙伴。总体来看，欧盟与韩国的战略伙伴关系发展较为平稳，且有政治、经济、外交及安全等领域合作的稳固支撑，因而欧韩战略伙伴关系是欧盟与新兴经济体建立的战略伙伴关系中相对平稳并得到欧盟高度认可的一对战略伙伴关系。

第一节　欧盟与韩国双边关系发展历程

60 多年来，欧盟与韩国战略伙伴关系经历了较大变化，从对韩国重视不多发展到高度重视，双边合作从相对聚焦经济领域发展到政治、经济、外交、安全等各领域合作齐头并进，从而形成了较为全面平衡的欧韩战略伙伴关系。这一战略伙伴关系对欧盟来说无疑是独特的，因为韩国是新兴经济体中极少数与欧盟价值观与利益冲突相对较少的国家，双方合作议程与领域随着各自实力的发展以及相互期待的增多而不断拓展。

第一，二战结束后的稳步发展期（20世纪60年代至1993年）。1948年，韩国宣布独立，此后韩国逐步与西欧主要国家建立外交关系，部分西欧国家二战后初期往往基于地缘政治和意识形态等因素以北约成员国的身份与韩国发展关系。1961年，朴正熙政府推行经济改革，实施从进口替代转向以出口为导向的工业发展策略，制定了国家发展五年规划，并加强国家对信贷的控制。1966年开始，朴正熙政府放松对经济的管制，尤其是为吸引外资，予以外资一定奖励，使得外资流入不断增加。当时欧洲经济共同体基于对韩国产品尤其是纺织品等的需求，根据普惠制为韩国产品进入欧洲经济共同体市场提供一定的优惠待遇，从而使得部分原产于韩国的产品更便利地进入欧洲经济共同体市场。20世纪60年代，与欧洲的贸易仅占韩国对外贸易总额的约5%，双方的政治接触也非常少。欧洲经济共同体与韩国1963年建立外交关系。20世纪80年代，全斗焕政府积极推进韩国工业化，尤其是加强钢铁、汽车和造船等行业的发展，还推动经济自由化，这些不仅使得韩国在20世纪80年代初就成为世界上最大的钢铁和船舶生产国之一，而且实现了出口市场的多样化。随着韩国成为经济强国，乃至被誉为“亚洲四小龙”之一，韩国与欧洲尤其是欧共体的接触和合作明显增多。尤其是自20世纪80年代中期开始，在美元疲软、低油价和低利率的背景下，韩国出口急剧增加。随着韩国产品国际竞争力的日益增强，其与包括欧共体在内的发达经济体关系竞争的一面有所显现，这使得双边经济贸易关系的互补性与竞争性并存的特征日益突出。欧共体对韩国企业的反倾销、反补贴等调查也不断增多，韩国与欧共体的贸易争端频发。欧共体有时还联合美国、日本等发达经济体联合要求韩国规范对外出口，以免引发更多贸易纠纷和冲突。与此同时，欧共体对韩国的关注逐步增多，欧韩双方高层交往愈加频繁、机制化的对话与合作有所增多。如 1983 年，欧共体与韩国举行首次部长级会议，此后双方形成了固定的年度会议机制；1986 年，全斗焕访问欧共体；1989 年韩国设立常驻欧共体代表团，1990 年欧共体也在韩国设立使团。冷战的突然结束及此后国际形势的深刻复杂变化，使得韩国对欧洲有了新的认识，对欧共体的期待也有所增多，这促进了欧共体与韩国进一步深化彼此关系。1993 年欧盟的成立标志着欧共体一段时间以来内部单一市场的整合工作取得重大成就，进而为欧盟促进与地理上距离遥远的亚洲国家加强关系提供了契机。当年，欧盟通过了第一份对韩国的战略文件，这是欧盟重视韩国并意图将双边关系升级为战略伙伴关系的一个重要标志。

第二，快速发展期（1994 年至 2022 年）。1994 年欧盟出台了新亚洲战略，欧盟与韩国双边关系的快速发展期由此开启。1996 年，欧盟在韩国成为经济发展与合作组织成员国后，与韩国签署《贸易与合作框架协定》。1997 年，欧盟与韩国签署海关事务合作与相互行政支持协定。2001 年，欧盟与韩国《贸易与合作框架协定》正式生效，欧盟希望以此成为韩国主要的自由贸易合作方。自 2002 年以来，欧盟与韩国每两年举行一次峰会，基本在亚欧首脑会议期间套开。2006 年，欧盟“全球欧洲”战略将韩国确定为自由贸易协定优先谈判伙伴并于第二年启动自由贸易谈判进程。2007 年，欧盟与韩国科技合作协定生效，促进了双方科技创新合作。2009 年，欧盟与韩国峰会实现单独举办。同年 10 月，欧盟与韩国草签自由贸易协定。2010 年 5 月，欧盟和韩国签署升级版的框架协定，这是欧盟与亚洲国家达成的第一个此类协定，为欧韩战略合作提供了一个相对完整的法律框架，涵盖人权、不扩散大规模杀伤性武器、反恐、打击腐败和有组织犯罪、贸易、移民、环境、能源、气候变化、运输、科技、就业、社会事务、教育、农业、发展援助、文化等领域。根据这一框架协定，欧韩设立联合委员会，以促进相关协定的执行。自此，欧盟与韩国建立了峰会、政治对话、联合委员会、贸易委员会、特别会议等多渠道沟通机制。2010

年 10 月，欧盟与韩国签署自由贸易协定，这是欧盟与亚洲国家达成的第一个自由贸易协定。依托以上几个关键文件的签署，欧盟与韩国成功将双边关系升级为战略伙伴关系。2011 年 7 月，欧盟与韩国自由贸易协定临时生效。欧韩取消了包括渔业和农产品在内的 98.7%商品的关税；韩国取消了对欧盟产品的非关税壁垒，如汽车、药品、电子产品和化学品贸易限制；双方相互向对方企业和投资者开放服务市场。2014 年 6 月，升级后的欧盟与韩国框架协定开始生效，这为双方战略伙伴关系及全面合作提供了有效架构。2015 年 9 月，在欧盟与韩国第八次峰会上，双方同意继续投资于全面、互利及面向未来的关系。同年 12 月，欧盟与韩国自由贸易协定正式获得批准，在很大程度上消除双边贸易壁垒并为双方商品和服务相互流通提供一个扩大的安全市场。2016 年，欧盟与韩国危机管理框架参与协议生效，这进一步加强了双边战略伙伴关系，尤其是韩国很快派遣军舰参与了欧盟在亚丁湾的反海盗行动。2019 年 10 月，韩国与英国签署自由贸易协定大纲，旨在维持英国“脱欧”后的双边贸易安排。2020 年全球新冠疫情加重后，欧盟与韩国向国际社会提供资金和医疗物资支持，并围绕疫苗开发和分发等加强协作。2021 年是欧盟与韩国自由贸易协定生效十周年，双边贸易取得快速发展，尤其是 2010 年至 2020 年间，欧盟和韩国贸易总额增长了近 50%，从 600 亿欧元增至 900 亿欧元，韩国对欧盟的贸易逆差也逐步缩小并实现双方进出口贸易的相对平衡。由此，欧盟成为韩国的第三大货物贸易伙伴，韩国成为欧盟的第八大货物贸易伙伴。2022 年，欧盟与韩国联合委员会第十八次会议在首尔举行，双方围绕欧洲东部地区紧张局势深入交流看法，承诺加强履行《巴黎协定》。2022 年 11 月，欧盟与韩国启动新的数字伙伴关系，以促进双方在数字领域的合作。在随后举办的欧盟与韩国第十届贸易委员会会议上，双方同意新增 85 个地理标志产品，涉及水果、蔬菜、坚果、谷物、油、火腿、糖果、葡萄酒和烈酒等；签署一项数字贸易原则，以加强在数字贸易领域的合作。当年，欧盟成为韩国最大的外资来源地，双边贸易额也达到1320亿欧元。

第三，建交60周年迎来新发展（2023年至今）。2023年是欧盟与韩国建交60周年，也是双方反思和推进双边战略伙伴关系的一年，旨在深化和扩大彼此战略合作，为应对未来挑战指明方向。2023年3月，欧盟与韩国举办第十九次联合委员会会议，旨在加强战略伙伴关系，以应对全球安全挑战。会上，欧盟表示支持韩国提出的旨在实现朝鲜半岛无核化的目标，重申有意加强欧盟在“印太地区”的政治和安全存在。4月，欧盟与韩国围绕数据和隐私保护举行会议，探索进一步合作的可行性。5月，时任欧洲理事会主席米歇尔和欧盟委员会主席冯德莱恩与时任韩国总统尹锡悦举行峰会，这也是11年来两位欧盟主要领导人首次同时访问韩国。此访进一步推动了欧盟与韩国的战略伙伴关系，并为未来的欧韩战略关系合作指明了方向。5月，欧盟与韩国启动绿色伙伴关系，双方承诺遵守和支持《巴黎协定》等一系列公约、框架或行动，促进减少温室气体排放，保护生物多样性以及增进经济绿色发展，并确定一系列优先合作领域，其中包括应对气候变化、加强环境保护、促进公正的能源转型以及加强与第三方的合作等。5月，欧盟与韩国启动关于韩国参加欧盟“地平线”计划的谈判。在“地平线”计划项目2021年至2027年框架下，韩国14个实体获得16项研究援助并参与17项研究。6月，欧盟与韩国举办第一届数字伙伴关系理事会会议，就通过合作实现具有包容性和韧性的数字化转型达成一致，双方还同意在半导体、高性能计算、量子技术、5G Beyond、平台经济、人工智能以及网络安全方面开展工作。2024年11月，欧盟外交与安全政策高级代表博雷利与时任韩国外交部部长赵兑烈在首尔举行首次欧盟与韩国战略对话，联合宣布建立欧盟与韩国安全和防务伙伴关系，以进一步加强在海上安全和行动、空间安全和防御、网络问题、打击混合威胁、反恐、防扩散和裁军等关键领域的对话与合作。

第二节　欧盟与韩国战略伙伴关系的特点

从欧盟角度来看，虽然韩国是最后一个与欧盟明确战略伙伴关系的新兴经济体，但是合作的层次高、双方均较为满意，基本达到了欧盟与新兴经济体建立战略伙伴关系的目标，即应对新兴经济体崛起、捍卫欧盟全球价值和利益以及提升欧盟全球塑造力。这是因为欧盟与韩国相互强调拥有共同的价值观，在双多边议题上拥有不少共同的利益和诉求，尤其是在大国竞争加剧、地缘政治纷争不断的背景下，双方“抱团取暖”的心态更是激发了相互需求和期待，从而拓展了双边战略伙伴关系的深度和广度。

第一，双边合作法律框架较为完善，战略伙伴关系的支撑较为牢固。2001 年欧盟与韩国正式实施《贸易与合作框架协定》并于 2010 年升级，2010 年欧盟与韩国签署自由贸易协定并于 2015 年正式生效，2014 年欧盟与韩国签署危机管理框架参与协议并于 2016 年生效，这在欧盟与其他新兴经济体所建立的战略伙伴关系中未曾有过。这是因为欧盟认为其与韩国属于“志同道合”的伙伴，双方的合作基于民主、人权、自由、联合国宪章、可持续发展、良政及反腐等基本共同原则，都致力于促进以规则为基础的国际秩序以及推进全球治理。同时也因为韩国在某些方面被界定为全球北方国家，与全球南方在较多地区事务及全球议题上有着不同认知，所以欧盟给予韩国更多的信赖以及期待。为落实上述双边合作的法律和文件，欧盟与韩国的各类沟通和对话机制基本没有中断并保持了良好的沟通氛围。这在欧盟与新兴经济体建立的战略伙伴关系中也较为少见，如欧盟与巴西的峰会机制就曾一度中断。欧盟与韩国围绕战略合作框架具体内容产生的一些争议，也大多通过柔性的方式解决，避免了双方直接冲突，这也使得双方保持了较为良好的互动与合作关系。

第二，双多边合作稳步开展，夯实双边战略伙伴关系基础。从推进时间来看，早期欧共体与韩国的合作多为双边合作且主要涉及经济领域。自20世纪90年代初以来，欧韩双边关系逐步升级，这主要是由于欧盟对韩国越来越重视，对加强双边合作的意愿越来越强烈。欧盟希望从与韩国的双边合作中获得更多收益并强化相互依存关系，强调欧盟可以成为韩国的重要伙伴并为韩国成为中等强国提供支持。随着形势发展变化及双方相互需求演变，欧盟认为双边自由贸易协定可以促成双赢，可以促进欧盟与韩国建立更为紧密的双边关系。欧韩双边关系以战略伙伴为核心、以强有力的协议为基础、以促进经济现代化为共同诉求。为夯实彼此合作的人文基础，双方都积极面向对方开展公共外交，谋求加强民间的相互理解和认同，提升彼此在对方的社会认可度以及软实力。韩国还认为需要为增进与欧盟的双边关系采取更为积极主动的行动，并通过最高领导层的交往来推动和深化双边战略合作。这主要体现在双方峰会稳定举行以及合作新理念、新举措陆续出台，进而不断促进双边关系稳定发展。从多边层面来看，欧盟与韩国谋求通过协作来应对全球挑战。欧盟作为一个区域一体化组织，宣称其目标是促进和保护基于规则的多边秩序，并为此持续在多边舞台活动。但是多边主义正日益受到挑战，尤其是受到逆全球化的冲击，这对全球发展带来不可忽视的影响。多边主义危机可以通过有效的沟通、协调与合作加以解决。为振兴和捍卫多边主义，欧盟强调必须维护多边机构和国际组织的活力，同时必须与“志同道合”的伙伴进行更深入的合作，以争取实现共同的价值观和利益。而韩国坚持将多边主义作为其中等强国外交的基石，尤其是注意利用自身的经济实力、战略地位以及二十国集团成员、经济合作与发展组织成员等身份，积极参与诸多多边机构事务。在实践中，欧盟和韩国谋求在联合国、世界贸易组织等多边框架下加强沟通与协作，促进多边主义、法治以及建设开放和基于一定规则的国际贸易体系。此外，欧盟与韩国还共同参与一些三边合作，这体现在欧盟、美国及韩国三边合作以及欧盟与韩国联合对非洲等地区发展中国家提供发展援助等方面。

第三，双边战略合作领域日益拓宽，丰富了战略伙伴关系内涵。

欧盟与韩国的合作领域从最初的以经济为主，已经发展到经济、政治、外交、教育、文化、科技、气候变化、能源、安全等多个方面，形成了全方位、多领域、多层次的合作局面。从 2023 年欧盟与韩国峰会来看，双方合作主要有以下几个方面。其一，鉴于当前地区和国际形势的发展变化，欧盟与韩国优先加强和平与安全合作。这是因为欧盟与韩国都认为自身面临严峻的地缘政治挑战，双方需要相互支持对方的地缘政治需求。尽管欧盟与韩国距离遥远，对地缘政治威胁的看法也存在一定差异，但是在一系列传统和非传统安全问题上开展了密切合作。如欧盟注重推动“印太合作”并出台“印太战略”，致力于构建“开放和自由的印太地区”，强调“印太战略”可以为朝鲜半岛和平作出重大贡献。由于双方的“印太战略”具有一些利益重叠，欧盟与韩国才得以逐步推动深化合作并进一步促进经济安全、海洋安全、网络安全等合作。其二，着眼当前全球经济形势，欧盟和韩国意图推进实现更加富裕的伙伴关系。双方强调欧盟与韩国自由贸易协定促进了彼此经济关系。在当前情况下，欧盟重视双边贸易关系的共同利益以及在全球价值链中的相互依存，突出韩国对稳定欧盟全球价值链的重要性；欧盟意图就经济安全议题继续与韩国加强沟通与合作，以提升供应链韧性；欧盟谋求与韩国加强能源合作，尤其是促进使用新能源和可再生能源；欧盟意图加强与韩国的数字伙伴关系，促进数字贸易以及推进开放的数字经济；欧盟与韩国谋求加强对个人信息安全的保护，以提升跨境个人信息流动的隐私性与可靠性；欧盟还谋求探讨通过“全球门户”计划，加强双方在互联互通方面的合作。其三，欧盟与韩国谋求加强在诸多涉及人类社会发展领域的重大合作，以体现各自的价值和国际贡献。其中包括应对气候变化、全球公共卫生等议题，这些议题需要欧盟和韩国发挥各自能力和优势，共同采取更多行动。此外，在推进全球治理等议题上，韩国也有着自己的诉求，如其认为联合国需要迎接一个新的全球社会时代，韩国将尽可能地支持基于团结与合作的世界秩序复兴。欧盟则坚持多极化，认为当今世界正越来越走向多极化，但是多边化却越来越少，欧洲的挑战就是调和这两个趋势，以适应新的权力分配格局并努力缓解世界在政治上分裂为日益相互竞争的多极。上述立场体现了欧盟与韩国的一些相近认识，这为双方应对全球秩序变化提供了一些认同基础。

从当前欧盟和韩国社会的一些期待来看，双方均谋求优先加强在一些特殊领域的合作。其一，加强双边绿色伙伴关系。这体现在双方合作应对气候变化和推进绿色转型，以实现向净零排放过渡等方面。韩国谋求与欧盟加强对氢价值链核心技术开发，深化在购买绿氢、氢工厂建设、开发氢液化相关技术以及建立氢工业国际标准等方面的合作。其二，加强数字伙伴关系。韩国和欧盟都认识到数字工具和数字世界的重要性，均谋求适应数字技术和数字工具的发展，以维护自身的网络安全。此外，双方还加强在半导体、下一代移动网络、量子和高性能计算、人工智能以及在线和数字平台法规方面的合作。其三，推动自由贸易协定的现代化。欧盟与韩国的自由贸易协定属于典型的第二代自由贸易协定，十多年来取得了较大成就，但是随着全球形势的发展变化，尤其是数字化、数字贸易以及电子商务等领域的快速变化，双方对自由贸易协定更新的需求增多，要求推进双边自由贸易协定现代化的呼声增强。此外，双方还呼吁将合作范围扩大到贸易和投资领域之外，以确保公平的竞争环境。其四，进一步加强应对地缘政治挑战。当前欧盟与韩国面临的地缘安全环境日益复杂，尤其是乌克兰危机外溢效应不断扩散、朝鲜半岛安全形势不佳，对双方带来复杂的安全挑战。因此，欧盟与韩国相互需求增多，在安全上“抱团取暖”意愿增强。

第四，双方各自快速发展提升了双边合作的广度与深度。1948 年独立时，韩国一穷二白。经过数十年经济发展与改革，尤其是实施了鼓励经济增长的政策以及专注于教育、创新、基础设施、全球化等重大事务，韩国已发展成为世界上最富裕的国家之一。韩国人均收入水平不断提高，早在 1994 年韩国人均国内生产总值就超过 1 万美元，而在 2017 年则达到 3 万美元。与此同时，欧盟也从 1951 年的欧洲煤钢共同体逐步发展演变，在规模上不断扩大的同时也实现了一体化进程的深入发展。发展了的欧盟与韩国相互需求不断增加，进而逐步深化双方相互依存，因而数十年来双方逐步提高了合作水平、丰富了合作领域、加深了彼此信任。在欧盟和韩国发展面临新的地区和国际环境形势下，双方对深化合作日益达成共识。不过，如何把新的共识转化为具体的合作协议及成果，仍是欧盟与韩国需要深入思考及推进的重大问题。

第五，双方对战略合作总体满意，但彼此分歧乃至摩擦仍然存在。目前来看，欧盟与韩国对双方战略伙伴关系框架下的合作总体表示满意。尽管欧盟重视支持韩国的战略伙伴角色，支持其更多地参与地区和国际事务，但是这并不代表双方战略伙伴关系不存在问题，也不代表双方不存在争吵。如欧盟对韩国的劳工和卫生标准以及植物检疫等有异议，指责韩国违反有关规定，尤其是 2021 年年初，欧盟发现韩国未能履行其尊重、促进和实现结社自由权的劳工义务，未能采取具体措施批准国际劳工组织的所有八项基本公约，要求韩国及时纠正有关做法。针对欧盟与韩国产业竞争较为突出的部分领域，欧盟也注意采取预防性措施或针对性反制，从而防止其威胁到欧盟的产业安全和全球竞争力。如 2022 年，欧盟阻止了韩国造船企业现代公司和大宇公司合并，认为合并“将导致欧洲客户的选择减少、价格上涨以及最终减少创新”。

第三节　欧盟与韩国战略伙伴关系发展前景展望

尹锡悦被罢免以及李在明于 2025 年 6 月 3 日当选韩国新一任总统引发韩国外交政策的新变化。李在明在竞选期间，宣布其外交政策将以务实主义为中心、以国家利益为优先，谋求改善与朝鲜、中国和俄罗斯的关系。同时李在明在竞选期间也表达对欧盟的重视，认为其对朝鲜半岛和平与稳定作出贡献，希望进一步与欧盟加强在多个领域的合作，如贸易、投资、科技创新、研发、半导体、数字基础设施、公共卫生等。欧盟对李在明当选韩国总统表示祝贺并显示善意，如欧盟委员会主席冯德莱恩发文祝贺李在明赢得总统选举，希望进一步加深欧洲和韩国之间的牢固关系；欧盟理事会主席科斯塔公开表示认可韩国在全球舞台的作用，希望与李在明一道加强双边战略伙伴关系。李在明也在 6 月 4 日公开承诺将继续向欧洲出售武器。6 月 17 日，冯德莱恩和科斯塔在七国集团峰会期间同李在明举行会晤，表示双方应基于安全和防务伙伴关系实施更紧密地合作。但是也要看到韩国作为中等强国，处于特殊的地理位置，其面临的经济与安全挑战具有一定的特殊性，尽管欧盟对其予以高度重视，但是仍不足以撼动韩美“全面全球战略联盟”关系。因而未来欧盟与韩国的战略伙伴关系虽然有望继续得到发展和提升，但是影响力仍将限制在一定范围内。

第一，随着双方经济贸易关系潜力得到进一步开发，推动双边自由贸易协定现代化的呼声和行动可能增多。随着欧盟与韩国货物贸易额在 2022 年达到 1320 亿欧元，双方对进一步改善双边贸易环境、提升贸易合作水平的期待有所增强，例如双方表态谋求改善相互进入对方农产品市场的环境、加强数字合作以及推进面向未来的可持续发展。实际上，早在 2019 年，时任欧盟驻韩国使团负责人米歇尔·雷特雷就提出“需要将欧盟与韩国的自由贸易协定提升到欧盟与加拿大自由贸易协定以及欧盟与日本自由贸易协定的水平”。2021 年，韩国官方提出希望实现与欧盟的自由贸易协定现代化。此外，不少欧盟成员国企业与韩国企业也主张推动欧盟与韩国自由贸易协定的现代化。但是随着亚太地区地缘政治形势和经济贸易关系的持续变化，尤其是 2018 年《全面与进步跨太平洋伙伴关系协定》的达成、2020 年《区域全面经济伙伴关系协定》的缔结，亚太地区经贸关系发生深刻变化。欧盟与韩国要推进自由贸易协定的现代化不仅要考虑到变化的地区经济贸易形势，而且要顾及双方内部保护主义势力反弹。

此外，欧盟与韩国在数字贸易方面合作有望取得更多的先期成果。在 2023 年年初达成数字伙伴关系和数字贸易原则的基础上，欧盟与韩国积极推动达成一项更加积极的现代数字贸易协定，以促进各自社会的数字化转型，并完善现有的双边贸易优惠框架。2023 年 10 月，在第 11 届欧盟与韩国贸易委员会会议期间，双方正式宣布启动欧盟与韩国数字贸易协定谈判。2024 年 3 月，欧盟与韩国在布鲁塞尔举行了第二次数字合作委员会，并决定在半导体领域的研究和创新计划方面进行合作。2024 年 7 月，欧盟与韩国宣布共同资助四个半导体项目，以体现欧盟与韩国数字伙伴关系的合作成效。

第二，全球地缘政治格局新变化在一定程度上促进了欧盟与韩国的新合作，但利益差异可能会约束或限制双方战略合作的空间。韩国试图扮演全球角色，在多边主义、全球治理等议题上发挥重要作用，这对于综合实力和国际影响力相对有限的韩国无疑是一个较大的挑战，其必然需要依靠西方世界的帮助和支持。但是在全球地缘政治斗争日益激烈、全球北方和全球南方博弈更为深刻的当下，这意味着韩国难以在一些重大议题上与全球南方国家保持相对一致，也就难以获得多数全球南方国家的理解和支持。相反，韩国可能因为西方立场，积极介入一些热点敏感议题，进而遭到部分全球南方国家的不满和抵制。同时，由于全球经济贸易环境的剧烈变化，韩国面临的发展难题增多、挑战更大，需要在亚太地区获得更多的经济伙伴支持，而不能因为地缘政治需求恶化与一些传统经济伙伴的关系。这就使得韩国可能面临一些新的外交困境，其外交和安全战略可能与现实经济利益需求错位，进而给自身利益带来损失。此外，韩国谋求战略自主的努力也可能受到限制，为维护地缘政治安全而加大与美日欧等西方力量的合作，意味着让渡一些自主性。韩国支持欧盟的供应链安全，尤其是在对外科技、国际贸易等合作方面配合欧盟实施一些非市场措施或手段，这也可能导致本国遭受反制。而欧盟也不可能牺牲自身利益支持韩国的地缘政治需求，干预东亚地缘政治生态，这既难以得到欧盟成员国的总体支持，也不符合欧盟利益。因而，对于地缘政治新变化带来的新机遇新挑战，欧盟与韩国既有相互加强交流、提升合作的一面，也有相互趋利避害、防止遭受连带影响的一面。

第三，韩美欧三边关系日益面临新的形势，给欧盟与韩国的战略合作带来新的变化。美欧都是韩国的重要西方伙伴，韩国在很多方面都需要与美欧进行协调，以维护共同利益。在安全上，韩国依靠美国，因而重视对美合作并追随美国的全球战略调整。基于全球形势以及地区形势的新变化，韩国对安全因素的重视更为明显，近年来积极向北约靠拢，更加入了北约“合作网络防御卓越中心”。鉴于北约很多成员国系欧盟成员国，因而不少欧盟成员国深化了与韩国的军事合作。但是韩国扩大对欧洲的武器出口，获得数十亿美元的武器交易订单，对美国军事出口也产生一定消极影响。在经济上，韩国与美欧存在很多的共同利益，但是也存在一定的利益差异和分歧。一方面，韩国担心美欧利用规则来推行保护主义，如欧盟逐渐开始实施“碳边境调节机制”、美国拟议出台《清洁竞争法案》，这些可能对韩国的钢铁等碳密集型产业带来冲击；另一方面，欧盟和韩国担忧美国推行单边主义政策，进而打击双方在美经济利益，如欧盟和韩国对美国提议对购买电动汽车实行税收抵免的政策表示担忧，认为这违反世界贸易组织相关规定并对外国制造产生歧视。

第四节　总结

欧盟与韩国战略伙伴关系虽然建立较晚，但是双边合作及战略伙伴关系发展相对顺利，对此双方也较为满意。尤其是对欧盟而言，韩国不仅是欧盟与全球新兴经济体构建和发展战略伙伴关系的样板，而且也是欧盟与亚太地区国家构建和发展战略伙伴关系的样板。总体来看，受当前及未来国际形势演变走向、大国竞争日益激烈等因素影响，欧盟与韩国的相互需求和期待不断增多，谋求不断提升战略伙伴关系的意愿增强，尤其是在促进自由贸易协定现代化、深化应对地缘政治安全挑战以及不提升经济安全上更是如此。

韩国当前虽然兼具高收入国家与新兴市场经济体双重特质，但是受历史、地缘政治及价值观等因素影响，其更多倾向美国及其领导的西方世界，因而在全球舞台上与全球南方国家立场存在一定的差异。在诸多地区和国际事务中，韩国亦表现出配合欧盟外交的意愿并开展了相关的行动。这些言行在某种程度上展现了韩国的西方国家属性。不过对韩国而言，加大对西方的依赖，可能将弱化韩国的战略自主地位，同时也将在一定程度上压缩韩国的外交政策空间，进而使得韩国面临更为复杂的地缘政治形势和国家安全形势。

欧盟要深化与韩国的战略伙伴关系离不开美国这个关键因素。新形势下，欧盟、韩国及美国三边关系日益复杂，三方关系既有相互协作的一面，也有相互摩擦的一面，这使得三方的内部互动呈现更为深刻复杂的特征。当然，三方的分歧和摩擦尚处于可控的范畴，作为相对弱势一方，韩国可能被迫作出更多让步和妥协，以换取美欧的战略支持。

第八章　欧盟与俄罗斯战略伙伴关系走向决裂

俄罗斯是新兴经济体中第一个与欧盟达成战略伙伴关系的国家。过去20多年来，欧盟与俄罗斯的战略伙伴关系经历了复杂变化，从双方合作稳步发展、相互关系趋向紧张逐步走向战略伙伴关系决裂。尤其是2014年之后，对欧盟与俄罗斯战略伙伴关系的负面评价明显增加，恶化、破裂、失败以及名存实亡等更成为西方世界对欧盟与俄罗斯关系的经常性叙事。欧盟与俄罗斯的战略伙伴关系恶化到当下的境地存在深刻复杂的原因，短期来看缓和的空间不大。

第一节　欧盟与俄罗斯双边关系发展历程

欧盟与俄罗斯的关系经历了漫长的变化。早在二战爆发前，西欧一些国家就对苏联抱有深刻的敌意，意图通过实施绥靖政策，推动法西斯德国进攻社会主义苏联，进而实现“祸水东引”的目标。二战期间，西欧国家选择与苏联一道参加国际反法西斯同盟，以打击法西斯力量。但二战尚未结束，包括英国在内的部分西方国家就意图挑起国际意识形态冲突和斗争。

第一，冷战期间。冷战期间，西欧国家、欧洲经济共同体及欧共体与苏联之间的政治关系往往体现为东西方阵营之争。欧洲经济共同体的建立，促进了西欧内部市场统一。其继承者欧共体是由西欧一些主要资本主义国家组成的一个经济和政治集团，旨在促进欧洲的一体化和合作。苏联则是一个强大的社会主义国家，对欧洲的政治局势和经济发展具有重要影响力。尽管欧共体的成立主要是为了加强欧洲国家之间的内部合作，以提升其整体经济实力和政治地位。但是苏联对欧共体的发展和扩张秉持警惕态度。苏联担心欧共体的崛起会对自身在欧洲的影响力构成威胁，因此在一定程度上试图阻挠欧共体的发展。由于苏联与欧共体之间存在着政治上的对立和竞争，双方在一些重要问题上难以达成共识。

欧共体与苏联之间的经济关系是一种既竞争又合作的关系。一方面，欧共体国家在经济上与苏联展开激烈的竞争，尤其是在技术和市场开拓方面。欧共体国家在高科技产业和市场营销方面具有一定优势，这使得它们在国际市场上能够更好地参与竞争，也更容易吸引外国投资。与此同时，苏联在传统重工业和军事领域拥有强大的实力，能够与欧共体国家形成竞争关系。另一方面，欧共体与苏联之间也存在着一定程度合作。尽管双方在意识形态和政治立场上存在明显分歧，但在一些经济领域上，双方还是能够找到合作空间。如欧共体国家需要从苏联进口一些资源和原材料，而苏联也看重欧共体国家的技术和市场，这使得双方在一定程度上形成了互补关系。双方还在一些国际组织和多边论坛上进行合作，共同应对一些全球性挑战。此外，冷战期间欧共体还与苏联之间进行了一系列外交沟通和合作，在国际组织中推动一些共同关心的议程，以维护共同利益。

第二，俄罗斯独立至 2004 年。1991 年至 2004 年，欧盟与俄罗斯关系经历了“过山车式”的变化。1991 年至 1995 年，苏联解体后的俄罗斯面临着政治、经济和社会转型的挑战。同时，欧盟也在努力扩大自身影响力并强化地缘优势。这一时期，俄罗斯和欧盟之间的关系被认为相对友好，双方在一些重要议题上展开了合作，如环境保护、能源合作和贸易往来等。俄罗斯也致力于融入西方世界，如加入一些西方主导的国际组织并被国际货币基金组织、世界银行等接纳。1994年，欧盟与俄罗斯签署《伙伴关系与合作协议》并于1997年生效。但是20世纪90年代后期，欧盟和俄罗斯之间的关系开始出现一些紧张迹象，双方在地缘政治和经济利益上的冲突开始显现。俄罗斯试图通过加强与欧盟的合作来提升自身在国际事务中的地位，但同时也在一些问题上与欧盟产生了分歧，如在欧洲安全架构构建以及东欧国家“入盟”问题上的分歧尤为明显。这导致了双方在一些问题上的竞争乃至对抗，进而使得双边关系变得复杂和困难。面对上述情况，俄罗斯重视推进多边外交，谋求恢复自身大国地位并促进世界多极化。

与此同时，欧盟与俄罗斯也审视彼此的战略利益和合作机会，尝试寻找新的合作领域。如1998年，欧洲在未与俄罗斯正式签署协议的情况下，首先将俄罗斯描述为“战略伙伴”。欧洲理事会在1999年6月发布的《共同对俄战略》中，提出加强与俄罗斯的战略伙伴关系。这标志着欧盟对俄罗斯的重视达到新的高度。但是欧俄关系的不稳定性较为明显，容易受到冲击，如1999年，北约对南斯拉夫的轰炸引发时任俄罗斯总统叶利钦的强烈不满。

2000年开始，普京出任俄罗斯总统，这在当时被欧盟视作改善双边关系的一个契机。“9·11”事件的突然发生，也在客观上为俄罗斯改善与西方国家关系提供了契机，希望由此结束自科索沃战争以来俄罗斯与西方的冷淡关系。2003年，普京指出，欧洲是俄罗斯“天然的最重要合作伙伴”。同年，欧盟和俄罗斯同意围绕四个“共同空间”深化关系，其中包括经济，自由、安全与正义，外部安全，以及研究、教育与文化等方面。尽管如此，双方在俄罗斯民主、车臣局势等问题上仍存在分歧，龃龉不断。

第三，2004年至2013年。2004年，普京开启第二个总统任期，也由此开启了俄罗斯国家复兴、国家强大的新时期。这是俄罗斯外交政策转变的一个重要时期，俄罗斯与外部世界关系发生新变化。俄罗斯继续推进与欧盟的务实合作。2005年5月，俄罗斯与欧盟首脑会议决定继续推进双边战略伙伴关系，不断深化跨境合作。在应对地区和全球挑战方面，欧盟与俄罗斯决定加强双多边合作，以应对气候变化、毒品和人口贩运、有组织犯罪、反恐、核不扩散、巴以问题、伊朗核问题等挑战。2008 年 6 月，欧盟与俄罗斯首脑会议决定启动关于双方新协定的谈判，以及支持俄罗斯加入世贸组织。但是受多方面因素影响，欧盟与俄罗斯新协定谈判于 2010 年被搁置。与此同时，欧盟和北约的“双扩”也加剧了俄罗斯的不满和疑虑，如 2004 年 3 月，北约吸收了保加利亚、爱沙尼亚、拉脱维亚、立陶宛、罗马尼亚、斯洛伐克和斯洛文尼亚等七个成员国；5 月，欧盟史无前例地吸收了十个新成员国，由此俄罗斯成为欧盟的邻国。这些都导致俄罗斯面临新的地缘政治环境。此外，包括欧盟在内的一些西方力量支持部分中东欧国家内部势力发动“颜色革命”，扶植亲西方政府，更加剧了俄罗斯对传统中东欧友好国家“变色”的担忧，也使得俄罗斯对欧亚大陆的影响力有所减弱。因此，欧盟与俄罗斯的政治关系逐渐进入停滞不前的状态。

不过，2008 年国际金融危机爆发后，欧盟曾一度恢复了与俄罗斯的伙伴关系。尤其是欧盟和俄罗斯都意识到面临共同的挑战，谋求通过加强经济合作实现互利共赢，这推动双方在贸易、投资、科技等领域展开合作，在一定程度上促进了双方经济的发展。同时，双方加强在能源领域的合作，以应对全球能源市场的波动和挑战。2012 年，俄罗斯正式加入世贸组织，欧盟与俄罗斯的经济贸易关系开始受到多边规则的约束。2012 年，普京再次出任俄罗斯总统并签署了《关于实施俄罗斯联邦对外政策措施的总统令》，强调推动独联体建设以及创建欧亚联盟，重视俄罗斯与欧盟的相互平等和共同利益，要求将俄罗斯与欧盟的战略伙伴关系界定在特定范围内并符合俄罗斯国家利益。此举引发欧盟的不满，欧盟认为俄罗斯走向保守主义乃至成为地缘政治挑战者。2013 年 11 月，时任乌克兰总统亚努科维奇宣布暂停与欧盟签署联系国协定，并谋求强化与独联体的关系，这引发了乌克兰国内反对派的不满，进而导致乌克兰发生“颜色革命”，亲俄派政府下台。上述情况引发欧盟与俄罗斯的介入。

第四，2014年年初至2022年年初。2014年年初，克里米亚危机的爆发对欧盟与俄罗斯关系产生较大冲击，也使得欧盟与俄罗斯的战略伙伴关系遭遇严峻挑战。2014年3月17日，欧盟对俄罗斯实施了第一轮制裁，其中包括对21名涉嫌破坏乌克兰在克里米亚和塞瓦斯托波尔的领土完整和主权的个人实施旅行禁令和资产冻结，取消原定于2014年3月20日的欧盟与俄罗斯峰会。除俄罗斯以外的八国集团成员也宣布不参加原定于2014年6月在俄罗斯举办的峰会。随后，各种形式的制裁接踵而至。除了与乌克兰形势有关的对俄制裁外，自2018年起，欧盟还采取了三项全球性制裁措施，其中很多被涉及的机构或个人来自俄罗斯，主要针对化学武器、网络攻击和侵犯人权等三个理由。在2022年2月乌克兰危机升级之前，欧盟对俄制裁涵盖对175人和44个实体的资产冻结和旅行禁令；禁止出口可用于军事和石油天然气工业的武器和设备（含军民两用物品）；禁止在克里米亚和塞瓦斯托波尔投资和贸易；限制欧洲金融机构与俄罗斯五家主要国有银行、三家主要能源公司和三家主要国防公司交易。针对与俄罗斯关系的持续恶化，欧盟2016年重新评估与俄罗斯的关系，将俄罗斯定义为“关键战略挑战”。2016年3月，欧洲理事会确立了适用于欧盟与俄罗斯关系的五项指导原则：一是实施关于乌克兰东部冲突的明斯克协议并将其作为欧盟对俄罗斯立场发生任何实质性变化的关键条件；二是加强与欧盟东部伙伴和其他邻国（包括中亚国家）的关系；三是加强欧盟的恢复能力；四是在欧盟感兴趣的问题上选择性地与俄罗斯接触；五是通过民间交往支持俄罗斯公民社会发展。

对此，俄罗斯也实施报复。如2014年8月，俄罗斯对来自欧盟的水果、蔬菜、肉类、鱼类、海鲜等实施禁运（最初为期一年，后不断延长）。实施对欧盟部分人员的旅行禁令，涵盖欧盟驻俄罗斯使团以及89位来自欧盟成员国的政治人士、军事人员等。2022年1月，俄罗斯公布对欧盟成员国有关机构及人员的旅行禁令。然而，这一阶段尽管欧盟与俄罗斯存在分歧和矛盾，但也并未完全断绝沟通。俄罗斯也显示出一些善意，如俄罗斯外交部副部长格鲁什科 2020 年 11 月表示，“莫斯科主张保持俄罗斯与欧盟的伙伴关系，这符合双方的共同利益”。双方在能源、贸易和文化等领域也持续开展一些合作。如 2021 年，俄罗斯仍是欧盟第五大贸易伙伴，双边货物贸易总额为 2575 亿欧元，其中欧盟进口额为 1585 亿欧元、出口总额为 990 亿欧元。欧盟与俄罗斯之间的互动不仅影响着双方的利益，也影响着整个欧洲地区的发展和稳定。

第五，2022 年 2 月至今。自 2022 年 2 月新一轮乌克兰危机爆发以来，欧盟对俄罗斯的认知发生急剧变化，激烈抨击俄罗斯破坏乌克兰领土完整，认为俄罗斯对整个欧洲的安全与稳定构成严重风险，还损害了欧盟所秉持的基本价值观。2022 年 3 月，欧盟通过安全和防务战略指南，认为俄罗斯“对欧洲安全构成长期和直接威胁”，这标志着 2016 年以来欧盟与俄罗斯关系发生重大转变。2022 年 6 月通过的北约战略概念进一步指出，“俄罗斯是对盟国安全以及欧洲与大西洋地区和平与稳定最重要和最直接的威胁”。与此同时，欧盟对俄罗斯实施了前所未有的大规模制裁，意在孤立俄罗斯、对俄罗斯进行问责以及迫使俄罗斯改变立场。相关制裁措施包括对 2300 多个俄罗斯个人和实体实施制裁；冻结 249 亿欧元的俄罗斯个人在欧盟资产以及 2100 亿欧元的俄罗斯中央银行在欧盟资产；暂停对俄罗斯世贸组织最惠国待遇，禁止超过 480 亿欧元的欧盟商品出口俄罗斯、912 亿欧元的俄罗斯商品进口欧盟；欧盟成员国还全面暂停了 2007 年欧俄签证便利化协议。2024 年 6 月 24 日，欧盟通过了针对俄罗斯的第 14 轮制裁计划，其核心是打压俄罗斯高附加值部门，如能源、金融和贸易等，进而使俄罗斯规避欧盟制裁的难度加大。2024 年 7 月，欧盟委员会主席冯德莱恩称，欧盟将把俄罗斯被冻结的 15 亿欧元资产收益用于支持乌克兰的国防和重建。

对于欧盟持续加码的制裁和打压，俄罗斯政府针锋相对。如俄罗斯政府公布了一份“不友好国家”名单，其中包括欧盟成员国、英国、美国和其他对俄罗斯实施制裁的国家，俄罗斯政府还决定大幅扩大禁止入境名单。对于欧盟不断推出制裁新举措，俄罗斯更讽刺这是转移欧盟政策失败的举动。实际上，欧盟通过制裁来打击俄罗斯核心经济、遏制俄罗斯战争潜力的做法并没有起到预想的效果。如根据国际货币基金组织数据，2023 年俄罗斯国内生产总值增长率为 3.6%，这使得俄罗斯成为 2023 年除印度和中国之外世界上增长最快的主要经济体之一。此外，俄罗斯还警告欧盟必将因制裁俄罗斯受损。如 2022 年 6 月，普京指出，欧盟在未来一年内将因对俄制裁而遭受 4000 多亿美元损失。

第二节 欧盟与俄罗斯战略伙伴关系的特点

欧盟与俄罗斯之间的战略伙伴关系一直备受国际社会关注，过去 30 多年来的起伏更是对双边关系乃至全球形势带来深远影响，并呈现出一些显著特点。

第一，欧盟占据主动地位并塑造双边战略伙伴关系走向。冷战结束后一段时间，俄罗斯作为新独立国家面临深刻的政治、经济、社会等挑战，亟须解决好内部发展及社会安定等重大议题，因而迫切需要获得包括欧盟在内的国际社会的认可和支持，进而不断优化外部发展环境。欧盟发展与俄罗斯关系，不仅意在持续推动俄罗斯的新自由主义改革，而且还试图将俄罗斯拉进西方主导的国际体系，进而确保俄罗斯向西方期待的方向发展。因而在 20 世纪 90 年代末，欧盟主动确认俄罗斯的战略伙伴关系地位。双方均认可的战略伙伴关系一度成为欧盟和俄罗斯各自对外政策的一个重要组成部分。这既体现了欧盟作为地区一体化组织的自信，也体现了欧盟继续推动俄罗斯改革的意图。欧盟随着持续东扩，内部团结性一度增强，谋求通过统一的外交政策来影响俄罗斯的立场。此外，欧盟在与俄罗斯构建战略伙伴关系过程中也展现出了一定的灵活性和务实性，尤其是根据俄罗斯的政治、经济等发展情况，灵活地调整对俄政策，以缓解与俄罗斯之间的分歧和争端，从而强化对俄罗斯战略伙伴关系的主动性。当然，欧盟在推进与俄罗斯战略伙伴关系的过程中，始终以自身利益为最根本诉求，尤其是通过东扩将势力范围推进到俄罗斯边界。一旦俄罗斯作出强硬反应，欧盟就可能改变对俄的友善态度，甚至实施制裁等手段，以迫使俄罗斯妥协或让步。这也是2014年以后欧盟与俄罗斯关系不断出现裂痕乃至双边战略伙伴关系走向名存实亡的原因。

第二，欧盟与俄罗斯战略伙伴关系具有明显的不对称性，是多种因素共同作用的结果。虽然欧盟最先提出与俄罗斯构建战略伙伴关系，但是实际上却将俄罗斯定位为不同价值观和意识形态的合作伙伴，因而这种战略伙伴关系天然具有一定的残缺性和不对称性。就价值观层面而言，欧盟占据优势，其通过外交、经济以及文化等多方面的举措，试图影响俄罗斯公民的意识形态以及国家的价值观。从政治层面来看，欧盟依托自身的经济实力及规范性权力，为自身披上了“民主”“法治”和“人权”的外衣，不断对俄罗斯内部事务说三道四，如多次指责俄罗斯选举不公正、打压持不同政见者、镇压反对派等。这种政治上的不对称性使得欧盟与俄罗斯之间的合作受到一定程度限制。从经济层面来看，欧盟是世界上最大的经济体之一，而俄罗斯的经济规模则远远小于欧盟，对欧盟技术与市场的需求更大。同时，俄罗斯油气资源对欧盟国家的市场依赖也较强。这些都导致欧盟在对俄经济关系中拥有更大的话语权和影响力，并在一定程度上可以对俄罗斯施加压力，以影响俄罗斯经济政策。从安全层面来看，欧盟为了自身安全持续东扩并加强与北约的战略合作，进而引发俄罗斯的不满和敌视。这使得欧盟与俄罗斯之间的安全合作受到很大影响。如何处理上述不对称性，事关欧盟与俄罗斯战略伙伴关系的走向。目前来看，欧盟借助东扩以及乌克兰危机，持续对俄罗斯施压，进而引发俄罗斯的强烈反弹，由此导致欧俄关系迅速恶化。

第三，欧盟与俄罗斯关系由战略伙伴走向全面对抗。欧盟与俄罗斯关系的恶化是多重因素交织的结果。双方在利益、价值观和地缘政治上的深刻分歧，使得双方合作空间被压缩、矛盾被放大，导致双方愈发明显的对抗与冲突。对于双边关系缘何走向对抗和冲突，欧盟与俄罗斯各自有着不同的解读，而且往往将责任归咎于对方。欧洲议会在 2020 年的政策简报中公开谴责俄罗斯违反国际法，指责除了制造乌克兰危机外，俄罗斯在诸多领域的行为都损害了欧俄双边战略伙伴关系，如干涉利比亚、中非等国内部事务，试图破坏欧盟成员国的内部选举，以及对俄罗斯本国公民社会组织和媒体进行镇压。自 2022 年以来，欧盟谋求在国际上孤立俄罗斯并对其实施制裁，加大与北约和其他全球伙伴的密切合作，以捍卫西方主导的国际秩序。而俄罗斯也对欧盟长期制造矛盾、挑衅俄罗斯核心利益的行为予以持续谴责。俄罗斯认为，欧盟在一些国际事务中的立场和行动与俄罗斯的利益不符，对俄罗斯构成威胁。

第三节　导致欧盟与俄罗斯战略伙伴关系破裂的主要因素

欧盟与俄罗斯的战略伙伴关系已名存实亡，但是对于为何欧盟与俄罗斯的战略伙伴关系会走向失败以及责任在谁，不同国家和组织的解读则有所差异。这体现了不同国家和组织的价值观、利益等差异。欧洲议会 2024 年《情况说明书》认为，欧盟和俄罗斯一直寻求建立战略伙伴关系，涵盖贸易、经济、能源、气候变化、研究、教育、文化和安全等领域；欧盟还是俄罗斯加入世贸组织的坚定支持者；自 2014 年以来，俄罗斯挑起乌克兰危机、实施破坏邻国稳定的政策、发布虚假信息及干涉欧盟与成员国活动等都是破坏欧俄战略伙伴关系的重要因素。俄罗斯方面则指责欧盟在一些重要问题上采取了单边主义立场，而没有充分考虑俄罗斯的利益；欧盟对俄罗斯的制裁和贸易壁垒对双边经济合作造成了严重影响；欧盟在一些地缘政治问题上采取了双重标准，不仅损害俄欧双边关系，而且也损害了国际社会的公正性和公平性。

第一，欧盟持续干涉俄罗斯走本国特色发展道路。自冷战结束以来，欧盟一直试图在与俄罗斯的合作中发挥主导作用并推动俄罗斯彻底倒向西方。然而，俄罗斯却选择了一条与西方发展模式有所不同的道路，塑造和强化本国的价值观，如国家主权、宗教信仰和传统家庭。尤其是21世纪以来，俄罗斯明确强调自身发展道路独特性并给予欧盟的说教强力回击，这引发欧盟对俄罗斯的不满。欧盟认为俄罗斯的发展道路与欧盟的价值观存在明显的不一致。如欧盟一直强调所谓“民主”“人权”“法治”的重要性，而俄罗斯在这些方面的表现常常不符合欧盟的政治审美；欧盟认为其政治制度建立在民主和多元化的基础之上，成员国之间通过协商和合作来解决问题，而俄罗斯政治体制突出行政权，总统拥有较大权力，进而导致欧盟和俄罗斯在处理国际事务时的方式差异较大；俄罗斯政府控制国有企业、限制外国投资方面的政策，被认为是在保护本国产业的同时限制了欧盟企业在俄罗斯市场上的竞争力。欧盟对俄罗斯在环境和气候变化等全球性议题上的表现也有所不满，认为俄罗斯应该承担更多的国际责任，积极参与全球环境治理，而不是仅仅关注本国利益。当欧盟认识到俄罗斯在发展道路上不可能效仿西方后，其对俄罗斯的失望和敌意就不断增多，而欧盟对俄罗斯内部事务的干涉乃至支持俄罗斯国内持不同政见者，必然引发俄罗斯的强烈反对和反制。

第二，地缘政治斗争持续损害欧俄战略互信。欧盟与俄罗斯在欧洲大陆上存在一定的地缘竞争乃至冲突。欧盟的地缘政治策略着重针对周边地区，旨在维护欧盟的利益和价值观。然而，随着国际形势的变化以及欧盟内部分歧的扩大，欧盟地缘政治策略也在不断调整和变化，试图通过加强对东欧国家和原苏联国家的支持，着力将它们拉进欧盟或北约，强化在欧洲东部地区的地缘政治优势。俄罗斯对此十分不满并进行了持续抵制，以维护自身的地缘政治安全。这使得双方陷入复杂的地缘政治博弈之中。总的来看，地缘政治与欧俄关系破裂的联系体现在多个层面。其一，欧盟和俄罗斯在一些重要问题上存在分歧，如乌克兰危机、叙利亚冲突等，这些分歧导致了双方在政治上的对立和冲突。其二，欧盟部分成员国对俄罗斯抱有敌意，这无疑也加剧了欧盟与俄罗斯之间的紧张关系。其三，地缘经济学深刻影响到欧盟对外关系及国际贸易政策，推动欧盟利用自身经济优势以及经济制裁来实现其地缘战略。这导致欧盟对俄罗斯制裁力度越大，俄罗斯反制力度也相应越大。此外，俄罗斯在实施对欧盟的对等制裁方面，还针对其与欧盟成员国的差异化关系，实施“有区别的报复”，以分化欧盟。

第三，欧盟谋求通过打击俄罗斯经济来实现“以压促变”。欧盟作为全球最大的经济体之一，与俄罗斯在能源、贸易、投资等领域存在着密切关系。俄罗斯在欧盟有关能源进口来源中一度占比很高，如天然气达到40%、原油为26.9%、固体燃料约为50%。由于俄罗斯曾经以油气出口为武器对欧施压，随着欧盟与俄罗斯关系持续恶化，欧盟的担忧更与日俱增。因而，自2022年开始，欧盟极力削减对俄罗斯的能源依赖，以避免可能的能源危机。欧盟成员国也转而大力推动能源来源多元化和能源转型，寻找替代能源供应来源，以及加强与其他能源供应国的合作。减少对俄罗斯的能源依赖不仅是一个经济贸易议题，也是一个政治和外交议题，这表明欧盟不再信任俄罗斯并谋求减少俄罗斯的能源收益。事实上，由于欧盟减少对俄罗斯的能源需求，俄罗斯的出口收入受到一定冲击，从而也在一定程度上影响到俄罗斯的经济增长。针对全球能源市场的激烈变化以及外部环境的不确定性增加，俄罗斯也谋求通过能源出口多元化，尤其是开拓新的市场，降低对单一市场的依赖并提高经济的稳定性和可持续性。

第四，对国际秩序和外交政策的认知及实践差异。从俄罗斯角度来看，其不再寻求“融入欧洲”，而是谋求多极化世界中的大国地位。其强调，俄罗斯正在努力构建一种国际关系体系，以确保自身安全，维护自身文化和文明特性并为所有国家提供平等的发展机会，为此应推动多极化发展。俄罗斯总统普京更致力于推动对外关系多元化，除了欧美国家外，俄罗斯还着力发展同全球南方的关系，并深化在能源、武器、贸易、安全及全球治理等领域的合作；强调各国应通过沟通与协作，解决气候变化、流行病和武装冲突等对人类生存构成紧迫威胁的全球问题。2023年的《俄罗斯联邦外交政策构想》指出，大多数欧洲国家对俄罗斯奉行进攻性政策，危及俄罗斯安全和主权，破坏俄罗斯政治稳定，侵蚀俄罗斯的传统精神和道德价值观，并为俄罗斯与盟国及伙伴的合作带来障碍；俄罗斯谋求推动与欧洲国家形成一种新的共存模式，以确保俄罗斯及其盟国与伙伴的利益并维护欧亚大陆欧洲部分的持久和平。而对欧盟而言，俄罗斯已经脱离了“欧洲化”轨道，越来越谋求改革现有的国际秩序，终结西方主导的国际体系。为此，欧盟采取了一系列应对措施，如加强对俄罗斯的制裁，实施更多的限制措施以及加强与北约和其他盟友的合作，以限制俄罗斯的国际空间并压制俄罗斯在全球议题上的话语权。

第四节 总结

综合来看，欧盟与俄罗斯的双边关系仍处于角力和冲突之中，短期内难以实现转圜。对俄罗斯而言，其国内经济虽然面临较大压力但仍将保持良好的发展势头。这有利于俄罗斯争取外部支持、保持国家发展以及稳定民心。俄罗斯政治精英当前并不看好俄欧关系，因为当前双方的政治联系基本中断，大多数欧盟成员国已被俄罗斯列入“不友好国家”名单。尽管推动双边关系转圜存在一定的可能性，但这需要双方的共同努力以及较长的时间。

欧盟内部也认识到短期内难以打破目前的对俄关系现状，因而必须谋划超越乌克兰危机的对俄长期战略，以提升对俄交往的能力。欧盟呼吁成员国加强内部团结，以提升应对俄罗斯的内部凝聚力和战斗力。欧盟也谋求加强跨大西洋关系的团结，以强化西方世界的反应能力。考虑到乌克兰危机的延宕时间以及俄罗斯未来的发展前景，欧盟的对俄政策还面临相当的不确定性。为此，欧盟需要未雨绸缪，强化应对俄罗斯政策的可预见性和战略性。此外，也有欧洲学者表示，未来欧盟应该采取一种坚定而灵活的立场来处理与俄罗斯的关系，加强与俄罗斯的对话和合作。

第九章　欧盟与中国全面战略伙伴关系遭遇波折

自 1975 年以来，欧盟与中国的关系经历了深刻复杂的变化。一方面，双边关系历经发展走向全面战略伙伴并取得诸多显著成效；另一方面全面战略伙伴关系遭遇波折，双方分歧及摩擦时有显现。对当下的欧盟与中国全面战略伙伴关系，国外学界多评价为“处于十字路口”“难以捉摸”等。正如维也纳韦伯斯特大学国际政治系副教授佛朗哥·阿尔吉里指出，“回顾欧中关系的历史，其中既有缓和与合作，也有紧张与冲突”。当前欧盟与中国矛盾关系的形成背景复杂，涉及政治、经济、科技、文化、地缘等多个层面。深入理解和把握欧盟与中国全面战略伙伴关系的演变及其逻辑，有助于更深入地理解中国与西方世界交往的复杂局面，有助于坚定对中国特色大国外交的信心。

第一节　欧盟与中国双边关系发展历程

随着国际形势的发展变化以及时代主题内涵的日益丰富，中欧关系始终处于变化之中。尤其是 20 世纪 90 年代以来，中欧关系不断实现新发展，如 1998 年建立面向 21 世纪的长期稳定的建设性伙伴关系，2001 年建立全面伙伴关系，2003 年建立全面战略伙伴关系。但是由于欧盟方面基于自身利益选择持续出台错误对华政策，双边关系自2017年以来分歧和矛盾不断，解决问题的难度持续增加，造成这一结果的根本原因在于欧盟方面。

第一，二战结束至苏东剧变。二战结束后，受两大阵营对立的影响，西欧国家及后来的欧洲经济共同体总体以意识形态眼光看待中国，在对华合作方面相对冷淡，但双方也形成了一定的沟通渠道及文化与经济等领域的合作。20世纪60年代，随着西欧国家的独立自主倾向上升以及资本主义国家内部矛盾的增多，中国予以欧洲经济共同体更多重视。尤其是在中苏关系恶化之后，中国基于地缘政治以及多元外交等需要，也开始重视发展与欧洲经济共同体的关系。1975年5月，时任中国外交部部长乔冠华与时任欧洲经济共同体委员会负责对外关系的副主席克里斯托弗·索姆斯在北京正式宣布双方建立外交关系。对此，欧方予以高度赞赏，欧洲议会更是强调，这是“世界政治中最重要的发展”。1975年5月，邓小平访问法国，开启了中国与西欧国家关系新篇章。1978年，欧洲经济共同体与中国签署了第一份贸易协定。随着1979年1月1日中美正式建交，中欧关系也迎来了新的发展时期，双方接触和合作不断增多。1979年2月，时任欧共体委员会主席罗伊·詹金斯访华并受到邓小平接见。1980年6月，中国全国人大与欧洲议会第一次双边会议在法国斯特拉斯堡举行。1984年5月，中国与欧共体举行第一次部长级政治磋商。1985年，中国与欧共体达成《贸易与经济合作协定》。1988年，欧共体设立驻华外交使团。

随着中国经济的飞速发展，双方的互动逐渐增多，尤其在贸易与投资领域更是如此。20世纪70年代以来，欧共体对华贸易额不断提升，如欧共体在1975年消费了中国13.28%的出口商品，并向中国供应了24.24%的进口商品。[①] 欧共体虽然聚焦经济和贸易等事务，但是也有着较强的政治属性。如欧共体1987年将“人权”列为对外援助的

---

① “The EU's Trade Relations with China（1975－1988）”，https://www.taylorfrancis.com/chapters/oa-mono/10.4324/9781003355915-6/eu-trade-relations-china-1975-1988-zhang-xiaotong.

重要指标，带动人权问题成为影响欧共体对华政策的重要因素。苏东剧变发生后，欧共体也试图干涉中国内部事务乃至实施制裁，导致双方关系一度陷入困境。面对上述情况，中国政府坚持中国特色社会主义道路不动摇并确保国内稳定与发展，有效打破西方资本主义力量的围堵阴谋。在此背景下，中欧关系逐步转圜。

第二，20 世纪 90 年代初至 2005 年。1992 年以后，随着中国经济的快速发展以及工业化进程的加速推进，中国受到国际社会更多关注。中国国内生产总值迈上新台阶，尤其是 1995 年中国国内生产总值排名世界第八，[①] 此后排名更是连年上升，对国际社会产生越来越大的影响。中国也逐步从新兴经济体的普通一员发展为新兴经济体的主要代表。同时，中国积极融入国际社会，推动国际秩序朝着更加公正合理的方向发展。从欧盟此后的官方表态来看，其认为 1992 年前后，双边关系大部分回归正常，只是欧方并没有取消对华武器禁运。1995 年，欧盟委员会出台首份对华政策文件，即《中欧关系长期政策》，视中国为需要帮助的发展中国家合作伙伴并重视加强与中国的接触。1998 年，欧盟出台对华政策文件《与中国建立全面伙伴关系》，[②] 当年欧盟与中国举行首次领导人会晤。1999 年，时任中国国务院总理朱镕基访问欧盟，这是中国总理第一次访问欧盟。2000 年，欧盟贸易专员拉米指出，“未来一个世纪的地缘政治变化将使中国在全球发挥越来越关键的作用，与中国建立良好关系的巨额投资是值得的”。2001 年，欧盟委员会出台新的对华政策文件，即《欧盟对华战略：1998 年文件执行情况及进一步加强欧盟政策的措施》。2001 年，中国加入世贸组织，这对中欧关系产生了深远影响，促进了双边贸易的快速增长和经济合作的深化。当年，双方建立全面伙伴关系。2003 年，欧盟发表《走向

① “GDP-Gross Domestic Product”，https://countryeconomy.com/gdp? year=1995.

② 根据欧盟方面有关统计，这是欧盟出台的第二份对华政策文件。欧盟委员会在向欧洲议会报告并推动通过《与中国建立全面伙伴关系》时，曾作专门解释性说明。参见欧洲议会网站，https://www.europarl.europa.eu/doceo/document/A-4-1998-0479_EN.html。

成熟的伙伴关系：中欧关系中的共同利益与挑战》，确认中欧双边关系进入成熟发展期。中国也发布了首份对欧盟政策文件，同年在第六次中欧领导人会晤后，双方决定发展全面战略伙伴关系，这是中欧关系发展的又一里程碑。2004 年是中欧交往的密集期，时任中国国务院总理温家宝、欧盟委员会主席普罗迪实现互访，第七次中欧领导人会晤也在荷兰海牙举行。2004 年，中国成为仅次于美国的欧盟第二大贸易伙伴，欧盟成为中国最大的贸易伙伴。2005 年，时任欧盟委员会主席巴罗佐访华，双方还举行了第八次领导人会晤。彼时，双方开始思考如何推进和发展全面战略伙伴关系，并强调加强中欧关系对中欧长远利益、亚欧合作以及全世界的和平、稳定与发展具有重要意义，还谋求通过具体行动丰富和深化双边战略伙伴关系。当然，这一时期中欧双方也在伊拉克战争等地区热点问题上存在分歧，但这并未从根本上影响到中欧关系发展势头。

第三，2006 年至 2018 年。2006 年，中欧首届气候变化伙伴关系磋商在奥地利举行；第二届中欧战略对话在北京举行；欧盟委员会发布了题为《欧盟与中国：更紧密的伙伴，承担更多责任》的对华政策文件，提出进一步改善与中国的关系，特别是在贸易和投资领域；欧洲理事会发布《关于欧盟与中国战略伙伴关系的结论》。2008 年，时任欧盟委员会主席巴罗佐及九位欧盟专员访华并与中方深入交流；作为双方在经贸领域最高级别的定期磋商机制，中欧经贸高层对话 2008 年 4 月正式启动并在北京举行首次会议。2009 年，中欧分别于当年 5 月和 11 月举行两次领导人会晤。2010 年，时任中国国家主席胡锦涛分别与时任欧洲理事会主席范龙佩、欧盟委员会主席巴罗佐会晤，推动双边关系深入发展。2010 年 9 月，升级后的首次中欧战略对话①在贵阳举行，时任中国国务委员戴秉国与时任欧盟外交与安全政策高级代表凯瑟琳·阿什顿共同出席。2012 年，中欧高级别人文交流对话机

---

① 本部分侧重讨论欧盟的对华认知和判断，根据欧盟官方表述，中欧战略对话起源于双方外交部门副部长级战略对话，并于 2010 年实现升级。

制启动。2013年11月，中欧共同发布了《中欧合作2020战略规划》，双方表示要在相互理解、互利互惠基础上，发展双边战略伙伴关系，为21世纪的国际合作树立良好榜样。2014年，中国政府发表了第二份中国对欧盟政策文件，即《深化互利共赢的中欧全面战略伙伴关系》，强调欧盟是中国走和平发展道路和推动世界多极化的重要战略伙伴。2015年，时任欧洲议会议长马丁·舒尔茨访华，谋求推动双边各领域合作尤其是议会合作。2016年7月，中欧第十八次领导人会晤在北京举行，为完成全面投资协议提供指导，并批准第一批互联互通项目清单。同年欧盟委员会也建议欧盟应抓住新的机会，改善对华关系并推动双边基础设施、贸易、数字经济和人员往来等合作。2017年起，欧盟与中国关系出现一些波折，尤其是特朗普出任美国总统以及中美关系恶化，推动欧盟越来越激进插手中国内部事务，进而引发中方反感。2017年6月，中欧第十九次领导人会晤在布鲁塞尔举行，双方重申了在应对气候变化方面的合作以及对《巴黎协定》的支持。2018年，中国发布第三份针对欧盟的政策文件，指出中欧作为世界多极化和经济全球化的主要参与者和贡献者，在维护世界和平稳定、促进全球繁荣和可持续发展、推进人类文明发展等方面有着广泛的共同利益，是彼此改革发展不可或缺的伙伴。同年7月，在第二十次中欧领导人会晤之际，双方重申致力于在相互尊重、信任、平等互利的原则基础上，通过全面实施《中欧合作2020战略规划》，深化和平、增长、改革和文明伙伴关系。

随着中欧全面战略伙伴关系的深入发展，双边经济贸易等合作不断迈上新台阶。如根据欧盟的统计数据，欧盟对中国的货物出口在2008年仅为780亿欧元，而在2018年达到2100亿欧元；欧盟自中国货物进口在2009年为2150亿欧元，而在2018年则为3950亿欧元。由此，中国逐步成为欧盟第二大商品出口国以及欧盟第一大商品进口国。但是欧盟过分放大双边贸易中存在的贸易逆差，认为2008年至

2018年间的贸易赤字持续存在，尤其是2018年达到1850亿欧元。[①] 鉴于上述情况，欧盟内部不断出现激进的声音，谋求采取激烈的措施来平衡对华贸易并促使中国进一步开放市场。

第四，2019年至今。2019年以来，欧盟对华立场出现急剧变化，对华政策日益强硬，导致双边关系走向紧张，甚至出现一些摩擦或争端。2019年1月，欧洲议会通过有关欧盟与中国关系的简报，认为欧中关系日益受到中美战略竞争的影响。2019年3月12日，在中欧峰会开始前约一个月，欧盟委员会与时任欧盟外交与安全政策高级代表莫盖里尼发布了一份题为《欧中战略展望》的“联合公报”，推动欧盟对华政策发生变化，提出对华关系“三重定位”：合作伙伴、竞争对手和系统性对手。2020年以来的全球新冠疫情虽然增进了欧盟与中国的医疗卫生合作，但是部分欧盟领导人及欧盟成员国围绕病毒起源及中国抗疫表现等对华多有指责，这无疑进一步加剧了双边关系的复杂性。2021年5月20日，欧洲议会以压倒性票数通过了冻结中欧投资协定的议案，这使得2020年12月双方已完成的中欧投资协定谈判成果被搁置。2022年，乌克兰危机爆发加剧放大了中欧关系的泛安全化倾向，欧盟对华政策更加强调地缘政治和安全。在2023年年初的世界经济论坛年会期间，欧盟委员会主席冯德莱恩首次提出欧盟对华“去风险”概念。2023年6月，欧盟委员会又出台经济安全战略，进一步强化“去风险”“降依赖”，不断推进经济政策泛安全化。2024年10月，欧盟决定对中国产电动汽车征收高关税，以保护欧盟生产商利益。

对于2019年以来由于欧盟错误做法导致的双边关系恶化情况，中方的态度是一贯的，即强调中国和欧盟之间不存在根本性利益冲突，中欧关系具有战略性和全球意义，并向欧盟展示中方的善意及沟通合作态度，以推动欧方改变对华错误认知和做法。如对于欧盟对中国的矛盾性新定位，中国外交部发言人2019年3月13日表示，“中方基于

① “EU-China Trade in Goods：€185 Billion Deficit in 2018”，https：//ec. europa. eu/eurostat/web/products-eurostat-news/-/EDN-20190409-1.

长远角度和战略高度看待和深化同欧盟的全面战略伙伴关系，希望双方在相互尊重基础上建立给双方带来更大福祉的、互利共赢的关系”。中方还多次强调，中国与欧盟不是竞争对手，而是合作伙伴，双方合作重于竞争，共识重于分歧。欧方应以正确的心态看待竞争，鼓励良性竞争而不是对手式的竞争，否则将导致各方利益受损。同年 3 月，习近平主席在访问意大利、摩纳哥、法国期间对中欧关系予以高度评价。2020 年 12 月，习近平主席在与时任德国总理默克尔、法国总统马克龙、时任欧洲理事会主席米歇尔、欧盟委员会主席冯德莱恩举行视频会晤时强调：“中欧作为全球两大力量、两大市场、两大文明，应该展现担当，积极作为，加强对话，增进互信，深化合作，妥处分歧，携手育新机、开新局。”2023 年 12 月，习近平主席在会见来访的时任欧洲理事会主席米歇尔和欧盟委员会主席冯德莱恩时指出：“在当前动荡加剧的国际形势下，中欧关系具有战略意义和世界影响，关乎世界和平、稳定、繁荣。”这从意义上再次强调了双方全面战略伙伴关系的定位。2024 年 5 月，习近平主席在巴黎与法国总统马克龙、欧盟委员会主席冯德莱恩举行三方会晤时强调：“中国始终从战略高度和长远角度看待中欧关系，将欧洲作为中国特色大国外交的重要方向和实现中国式现代化的重要伙伴。”

对于欧盟挑起具体的纷争乃至冲突，中方既强调对话与合作的重要性，也对欧盟的一些错误做法作出必要回应。这种回应体现在中方坚持维护国家核心利益，并对欧盟损害中国国家利益的做法作出适当的反击。如 2020 年 9 月中国商务部发布《不可靠实体清单规定》，以反制被认定为不可靠的外国实体和个人。2021 年 3 月，中方针对欧盟关于所谓新疆人权问题实施的对华制裁，对欧盟十名人员和四个实体实施制裁。2024 年，针对欧盟对中国新能源汽车征收高关税，中方也及时采取相应的反制措施。当然，中方在反制欧盟的同时，也始终保持沟通和对话的窗口，力争通过对话寻求化解相关分歧或摩擦。2025 年 5 月，中欧双方决定同步全面取消议会交往限制。

第二节 欧盟与中国全面战略伙伴关系的特点

2003 年 10 月，中国与欧盟建立全面战略伙伴关系，此后经历了快速发展、稳定发展、分歧显现及关系紧张等多个阶段。尤其是随着时间的推移，中欧全面战略伙伴关系超越了经济领域，在政治、科技、文化、外交、安全以及全球治理等方面均有所发展，这也使得中欧全面战略伙伴关系在双边和多边层面都经受考验。当然，中国与欧盟双方在概念、规范以及实际操作等方面的差异也不可避免地体现在其中。

第一，经济因素扮演着至关重要的角色。经济合作不仅是中欧全面战略伙伴关系的基础，还是推动双边关系发展的核心动力。一段时间以来，中国与欧盟通过降低贸易壁垒、加强投资合作，推动了双边商品与服务的自由流动，实现了互利共赢。2024 年，欧盟与中国的货物和服务贸易总额超过 8400 亿欧元，中国成为欧盟第二大贸易伙伴（仅次于美国），而欧盟成为中国第一大贸易伙伴。① 有效的经济合作有助于促进中欧双方技术与创新的合作。通过共同研发、技术转让和知识共享等方式，双方在可持续发展、数字经济等新兴领域实现了一定程度的协同创新。这不仅可以提升双方的全球经济竞争力，也为双方协同应对全球性挑战等提供了有力支持。同时中国与欧盟通过一系列高层往来和经济合作机制，积极推动双方在贸易、投资以及科技等领域的交流与合作。双方经济相互依赖性的增加，不仅拓展了合作空间，也有助于减少矛盾与误解，进一步巩固全面战略伙伴关系。然而，中国与欧盟经济关系中也客观存在一些分歧，如贸易、知识产权保护、市场准入等领域的摩擦。此外，部分欧盟官员及其成员国对所谓“过度依赖”中国表示担忧，认为这增加了欧盟关键供应链的脆弱性以及市场的不确定性。因此，欧盟也寻求推动贸易伙伴多元化以及关键原材料供应的安全化，以减少对中国市场的依赖。上述分歧或摩擦需要

① “EU-China Trade: Facts and Figures”, https://www.consilium.europa.eu/en/infographics/eu-china-trade/.

通过对话与谈判的方式来解决，欧盟采取单边主义措施不仅无助于解决问题，反而可能进一步恶化双边关系。

第二，政治互动促进双边关系深入发展，增进国际协调，但也暴露双方分歧。20 多年来，除了一般性的双边互访及工作层面对话外，中欧领导人会晤以及中欧高级别战略对话、中欧经贸高层对话、中欧高级别人文交流对话机制等构成了双方高级别对话的重要内容。通过经常性的会晤和对话，双方在诸多双边、多边议题上达成共识，并实现了一定的政策与行动协调。尤其是近年来，面对气候变化、公共卫生、贸易保护主义、恐怖主义等全球性共同挑战，双方开展了更加紧密的合作。但是在上述交流合作中，欧盟强调自身规则和价值观的重要性，而中国则坚持独立自主，反对外部力量干涉国内事务，由此产生了一些分歧。对共建“一带一路”倡议，部分欧盟人士刻意将其解读为所谓“地缘政治工具”，消极评价共建“一带一路”，影响共建“一带一路”国际合作在一些欧洲国家的推进。而在乌克兰问题上，欧盟不仅坚定支持乌克兰，而且消极评价中国立场，为中国劝和促谈的努力制造障碍。如果欧盟不改变自身做法，持续推行价值观外交或插手中国内部事务，就难以为中欧关系改善创造条件。

第三，文化交流与人文合作是连接双边关系的桥梁。文化交流合作是中欧全面战略伙伴关系的重要组成部分，它在增进人与人之间的相互理解和提升中欧双边关系的价值方面发挥着不可替代的作用。2012 年，第十四次中欧领导人会晤指出，“文化交流是中欧关系的三大支柱之一”。中国与欧盟在人文交流领域的合作，体现了双方在文化、教育、旅游等多个领域的深厚友谊与共同发展愿景。随着时间的推移，双方原有的单向文化交流逐渐演变为双向互动互鉴。近年来，中国与欧盟在文化领域的合作不断加强。中国和欧盟还联合设立了一系列文化交流项目，比如“中欧文化年”等活动，以促进中欧文化的相互了解和认知。此外，双方在高等教育领域的合作加深，留学项目和学术交流活动为年轻一代提供了平台，加深了双方人文和思想对话。

然而，部分欧盟国家或政客在面对中国的快速发展时，始终抱持价值观和意识形态偏见，甚至采取一些排斥中欧人文交流的政策，如关闭一些在欧洲的孔子学院、限制中方学者赴欧交流等。这些做法不仅限制了双边学术交流、文化合作等，也削弱了双方对彼此更深层次的文化理解。

第四，中欧关系受到美国因素的深刻影响。近年来，中欧全面战略伙伴关系走向日益复杂，其中离不开美国因素的消极影响。可以说，美国的外交政策、经济战略以及对华态度不仅在相当程度上影响了欧盟的对华政策走向，还在一定程度上重构了中国与欧盟的互动模式。面对来自美国的压力，欧盟在科技、安全和贸易等许多关键领域对华采取更为谨慎乃至强硬的态度。美国还纠集欧盟在人权问题上挑衅中国，价值观和意识形态偏见导致欧盟在与中国的经济合作中添加了更为复杂的政治考虑。美国基于自身地缘政治利益考量，还推动欧盟及其成员国不断完善所谓“印太战略”，以强化西方力量在“印太地区”的存在并联手对中国施压。不过，尽管美国因素对中欧关系的影响较为明显，但欧盟在发展对华关系时无疑也有着自己的利益，也谋求自身的战略自主。尤其是欧盟也意识到，单纯依赖美国并不能满足自身的经济和安全需求，因此也寻求在欧美中三边关系框架下与中国开展一定的务实合作。如荷兰莱顿大学亚洲研究中心曾建议，欧洲的“印太战略”要超越中美竞争而聚焦亚洲，以更好地应对“印太地区”挑战并争取地区国家支持。

第三节　欧盟对当前及未来欧中全面战略伙伴关系的认知

近些年来，欧盟对华定位在不断变化，尤其是 2019 年欧盟对华关系定位发生重大变化，认为“中国现存的挑战和机遇平衡已发生变化”，中国既是欧盟合作伙伴，也是欧盟需要找到利益平衡的谈判伙伴，还是欧盟的经济竞争对手及系统性竞争对手，这引起了国际社会的广泛关注。与此同时，也导致国际社会尤其是学术界、商业界等对欧盟对华政策产生困惑，其中最突出的就是对中国与欧盟到底是伙伴还是对手的争论。就欧盟而言，多数智库、研究机构与学者认为欧中双边关系处于一个面临挑战的时期，尤其是以往双边关系基于的是中国是发展中国家，因而欧盟愿意作出一些让步，但是现在情况发生了变化，欧盟对华认知和心态持续发生消极变化，这也连带欧洲人对中国的看法趋向消极。如欧洲全球综合数据资料库 Statista 对欧盟成员国公民实施的一项关于 2023 年欧中关系评价的民调显示，在欧盟国家中，将中国视为盟友或必要合作伙伴的人数多于将中国视为竞争对手或敌人的人数。其中保加利亚和匈牙利是对中国持最积极态度的欧盟成员国，在这两个国家中，大多数公民都将中国视为必要的合作伙伴。而约 50%的瑞典受访者将中国视为竞争对手或敌人，在受访欧盟成员国中最高。Statista 2024 年实施的一项涉及瑞典、波兰、德国、荷兰、法国、英国、西班牙、意大利、匈牙利、希腊等十国的民调显示，2024 年 1 月至 5 月间，在上述十国中，希腊受访者中有 47%对中国有好感，而其他九个国家受访者对华好感度则明显较低。当前欧盟对欧中全面战略伙伴关系的认知，主要有以下几点。

第一，欧中关系正处于一个新的阶段。近年来，欧盟与中国双边关系经历了深刻复杂变化。作为全球两大经济体，双方在贸易、投资及气候变化等领域的合作愈发紧密，同时双方在上述领域的合作又受到地缘政治、意识形态等问题的影响，不断出现分歧乃至摩擦，因而欧盟内部对欧中关系的阶段性判断也较为复杂。如 2023 年 6 月，欧洲理事会指出，欧盟与中国双边关系的机遇和挑战平衡被打破。这意味着欧盟对中国挑战一面的认知趋向增强。2024 年年初，西班牙外交官豪尔赫·托莱多·阿尔比尼亚纳认为，最近欧盟的对华政策正在经历一个重新校准、重新评估和重新定义的时期，新定义谋求反映双边关系的新变化。2024 年 10 月，比利时布鲁盖尔研究所指出，2024 年至 2029 年的中欧关系起点不同，在与中国打交道时，维护公平竞争环境的需求与维护国家安全的需求越来越交织在一起，机遇与风险之间的平衡已发生巨大变化；欧盟需要在维护自身价值观和利益的同时，寻求与中国实现共存，进而促进解决气候变化等一些全球性问题，但欧盟不可能不惜一切代价寻求与中国合作。2024 年 10 月，候任欧盟外交与安全政策高级代表卡娅·卡拉斯宣称，俄罗斯及“部分的中国”（Partly China）将相互依存“武器化”并充分利用欧盟开放社会，对此欧盟必须做好准备。2024 年 11 月，意大利国际事务研究所副研究员尼古拉·卡萨里尼表示，当前虽然欧盟成员国在不同程度上减少了对中国的依赖，但这种行为遭到一些急于加强与中国合作的欧盟国家大公司、地方政府和公民社会抵制。尤其是一些欧盟成员国一直在促进与中国的工业合作，并欢迎中国投资，以带动电动汽车等绿色产业发展。虽然上述形式的合作为提升欧洲工业竞争力带来好处，但也有可能破坏欧盟委员会正在实施的“去风险化”政策。

第二，关于欧中关系未来走向，欧盟也认识到双边关系受价值观、地缘政治、相互需求及美国因素等的影响，既存在深化彼此合作的基础条件，也面临一定的不确定性。同时，欧盟也谋求采取更加务实统一的对华政策，着力减少内部及外部干扰，促进中欧双边关系良性发展。短期内，中欧关系中的选择性合作与深层次竞争可能难以消除，双方合作水平及成效取决于双方的相互认知、相互需求以及相互妥协程度。一方面，欧盟内部仍高度重视对华关系及对华合作的重要性。2023 年 12 月，西班牙中国之友协会主席安东尼奥·米格尔·卡莫纳表示，欧盟与中国维持和发展全面战略合作伙伴关系至关重要；欧中之间的密切友好关系只能建立在互利共赢的基础上；中国正在向世界展示一个开放、富裕和繁荣的国家形象，欧洲需要抛弃过去的傲慢和偏见；只有开放并走向世界，欧洲才能变得更加繁荣；欧洲和中国应该共同成为推动世界更大进步和繁荣的两大力量。2024 年 2 月，欧盟委员会研究与创新总局负责全球方法与国际合作领域的主任玛丽亚·克里斯蒂娜·鲁索指出，欧盟能否成功地以真正互利的方式重新调整与中国的接触，取决于欧盟成员国及其利益相关者协调的意愿和能力；中国是否愿意参与并提供更多的再平衡、开放和公平的竞争环境也非常重要。2024 年 5 月，法国总统马克龙指出，欧洲需平衡发展与中国的关系，在这个问题上欧洲需要形成一致认识。2024 年 9 月，中国欧盟商会发布《2024/2025 年欧盟企业立场文件》，强调欧盟企业仍然高度重视中国市场；欧洲公司对中国商业环境的看法可能仍在发生变化，但它们仍然看好中国的持续发展并与中国有着共同的利益。另一方面，对欧中双边关系发展前景不乐观的论调也始终存在。2023 年 3 月，欧洲议会研究服务处发布的一项调查显示，展望 2030 年欧洲对华政策，其可能会进一步转向系统性竞争，双方经济竞争将越来越激烈，同时双方在气候变化及其他全球性议题上的合作可能会进一步停滞不前。欧洲将在多大程度上改善对华关系仍难以确定。2024 年 6 月，欧盟委员会执行副主席、竞争专员玛格丽特·维斯塔格表示，欧盟在经济上可能无法与中国等贸易伙伴相提并论，但可以寻求在战略上与它们抗衡。当前欧盟在保护自己免受“不公平贸易”方面已经“显著改善”，它将继续寻找与经济伙伴公平竞争的新方法。此外，关于特朗普再次当选美国总统对于欧盟及欧盟对华政策的影响，欧洲内部也有很多讨论。其主要观点是认为特朗普重返白宫，可能会导致欧美关系脱节，如美国加征对欧盟产品的关税、要求欧盟购买更多的美国产品、减少对乌克兰的支持等，这些可能促使欧盟扩大与中国的接触，乃至联合中国反对美国的一些单边主义、保护主义举措。

第三，关于欧盟对华关系的策略，欧盟认为，其需要管理对华关系，以捍卫自身的利益、原则和价值观，进而满足欧盟内部不同政治及社会力量的碎片化对华诉求。因而，欧盟需要根据形势变化，着力提升国际竞争力，不断更新对华战略，以应对对华关系中可能遇到的挑战。鉴于中欧关系的复杂性，双方需要采取更为审慎且符合各自利益的方法。2024 年 3 月，欧洲议会对外关系政策部表示，尽管欧盟明确了对华关系的三个定位，但是要看到双边关系体现在多个方面，不能局限于所谓“系统性对手”；随着国际体系不断发展变化以及自由主义秩序受到质疑，欧盟必须制定反映自身偏好的国际秩序战略和外交政策愿景，尤其是制定长期一致的对华战略。2024 年 4 月，欧盟布鲁塞尔峰会指出，面对新的地缘政治现实和日益复杂的挑战，欧盟致力于采取果断行动，以确保自身在全球舞台上的长期竞争力、繁荣和领导地位，不断缩小与中国的经济发展差距并强化加强欧盟的战略主权。2024 年 5 月，比利时泛欧政策研究协会指出，欧盟的主要问题是缺乏全面和一致的长期战略，缺乏这样的对华战略是由欧盟成员国之间缺乏团结造成的；如果欧盟能够制定一个更大、更全面的愿景，然后在此基础上出台一项针对中国的战略，那么欧洲各利益攸关方就可以共同努力，进而成功地实施该战略；但是当下欧盟缺乏这样一个全面的战略，因而现有的战略重点主要放在经济上，并通过设置各种壁垒来保护欧盟免受来自中国的“不公平竞争”，从而降低风险。2024 年 10 月，比利时布鲁盖尔研究所指出，欧盟委员会第一步应该重新定义其对华目标；欧盟机构的领导层还应将欧中关系的三个主要优先事项放在一起推进，即在实施对华战略方面的连贯性和协调性，进一步关注经济安全，以及更多地依赖合作伙伴关系。2024 年 10 月，欧洲对外关系委员会亚洲项目主任扬卡 · 奥特尔指出，欧盟委员会已经悄然开始对中欧关系进行重新调整并很好地吸取了三条经验，分别是：不改变规则，努力寻找更好的方法来应用现有原则；不回避欧中关系中的困难领域；认真应对中国作出的反应。

第四节 中国社会对欧盟的一般认识

近年来，随着中欧接触、合作和碰撞的增多，中国社会对欧盟的认识更为全面深刻。总的来看，中国社会对欧盟的认可度相对较高，尤其是对其发展水平、福利体制以及治理层次予以较高评价，认为欧盟是全球重要一极，也是重要的全球和平与发展促进力量。大多数中国民众认为欧洲国家和欧盟是重要的合作伙伴，较少民众将欧盟视为经济竞争对手。由 27 个国家组成的欧盟被认为是一个关键的国际行为体。中国环球舆情调查中心 2022 年 12 月实施了一项有关“对华最重要的双边关系”的民调，数据显示，58.4%的受访者选择中国与俄罗斯关系，45.9%的受访者选择中国与欧盟关系，39.7%的受访者选择中国与东南亚国家的关系，选择中国与美国关系的受访者为 36.8%。这显示出，中国民众对中国与欧盟关系的重要性认知程度较高。当然，对于欧盟近年来对中国不断增多的挑衅，尤其是利用人权、经济贸易及地缘政治等议题指责中国也引发很多中国民众的不满。对于欧盟持续为中欧关系制造障碍，中国政府的态度也非常明确，多次申明欧盟一方面在人权等诸多议题上向中国发难，另一方面又希望能够和中国加深合作的做法是行不通的。

第一，欧盟不适应中国日新月异的变化。长期以来，中国在欧盟对外关系中的地位经历了从边缘到重要的转变。改革开放后，中国实现了快速发展，国家面貌日新月异。尤其是 21 世纪以来的中国更是不断开创发展新境界，成为世界第二大经济体。中国已经成为世界上绝大多数国家不可或缺的发展伙伴尤其是贸易伙伴、投资伙伴并围绕全球治理提出不少新的理念和主张，许多国家还对中国的发展道路、发展成就产生兴趣，“向东看”“向中看”成为一股重要的国际潮流，中国智慧和中国方案还被一些国外政治家和学者视作一种可能的替代选择。这引发包括欧盟在内的部分西方世界的疑虑和担忧。欧盟对中国的不适应来自对战略伙伴的定义及诉求，如同欧盟表示的，“对华战略伙伴关系需要定位在公平、均衡以及互惠的基础上”。个别欧洲学者很早就指责中国利用欧盟内部分歧，甚至还有个别欧洲学者认为，中国投资对所有欧洲主要经济体都带来冲击。中国及时了解到欧盟态度的变化，认为这不能充分反映事实真相，也不符合双方的共同利益。同时通过各种双多边会晤、对话等渠道进行沟通，争取欧盟正视当前双边关系问题并与中方共同努力来解决这些问题。2022 年 3 月，中国国务委员兼外交部部长王毅在两会记者会上谈及中欧关系时表示："中方始终从战略和长远角度看待中欧关系，中国的对欧政策保持稳定坚韧，不会因一时一事而改变。我们将继续支持欧洲独立自主，支持欧盟团结繁荣。同时，我们也希望欧洲能够形成更为独立、客观的对华认知，奉行务实、积极的对华政策，共同反对制造'新冷战'，共同维护和践行真正的多边主义。"

第二，欧盟对华政策从合作性走向竞争性。欧盟成员国虽然与中国实行不同的制度，但是长期以来双方相互认知日益加深，尤其是双方自建交以来注意采取务实态度、淡化彼此的制度差异，进而为务实合作创造条件。新形势下的中欧关系非常复杂，但是中国从不认为欧盟是对手，更不愿视欧盟为敌人。欧盟将中国定位为"系统性对手"，不仅传递了消极信息，而且不利于双边关系长远发展。在中文语境下，"对手"往往意味着较为激烈的斗争，这无疑夸大了中欧双方分歧，而且有将双方关系引向零和博弈的风险。对于当下中欧全面战略伙伴关系面临的困境，部分中国学者将之归结于"美国的背后挑唆以及欧洲内部的一些反华声音"。对于欧盟将一些经济贸易争议中的价值观议题列为主要争议，中方不少学者也予以质疑和谴责，认为这显示了欧盟政策的虚伪。此外，中方也相信欧方对华友好是主流民意，对华不理解、抱持敌意的是少数。这突出反映在2023年4月欧洲对外关系委员会开展的一项涉及欧盟11个成员国的民调中，其中不少欧洲民众希望在中美竞争中保持中立，也不愿意欧盟对中国实行"去风险化"政策。主流民意也应间接地体现在双方各自政治决策中，欧盟官方需要把握内部主流民意，采取务实行动缓和欧中关系并为双边关系回暖创造更为有利的条件。

第三，中欧应相互视对方为机遇而不是挑战。机遇和挑战从来都是一体的，关键是分清主流与次要，不能"只见树木，不见森林"。欧盟是世界重要力量，不仅代表着欧洲发达国家，而且也是十分重要的世界市场，还是推动全球治理的重要力量。中国始终重视欧盟并愿意加强与欧盟的交流与合作，这体现了中方一贯的政治和外交立场，也体现了中方对世界和平与发展的长期愿景。欧盟是中国的主要贸易伙伴之一，双方在经济层面具有高度互补性，而且在推动世界多极化和解决一些热点问题上，中欧立场也有很多相似之处，可以通过合作解决分歧。对此，中方多次强调中欧发展对双方都是机遇。2014 年，习近平主席同时任欧洲理事会主席龙佩举行会谈时提出共同打造中欧和平、增长、改革、文明四大伙伴关系。在国际形势日益复杂、国际斗争日益激烈的当下，中国更加重视欧盟在强化多边主义、推动全球治理方面的重要地位和作用，积极主动表示愿意加强与欧盟的交流与合作。可以说，加强中欧交流与合作不仅符合双方利益，而且对人类社会的未来发展也十分重要。这也得到欧洲不少学者的回应，如英国杜伦大学金融学首席教授、中国发展研究院执行院长郭杰认为，欧中合作可为各方带来重要发展机遇，有利于共同应对全球不稳定因素，助力世界经济复苏。

第五节　总结

自 1975 年以来，中国与欧盟的关系持续深入发展。全面战略伙伴关系的构建对中国与欧盟而言都是利好，不仅有利于促进双边关系的发展，而且有利于促进世界和平、发展与繁荣。2019 年以来欧盟对华定位及其对华政策的变化，表明欧盟感知到中国发展对其带来一定影响，欧盟难以继续维持对华关系的传统优势，需要作出一定的反应。欧盟的上述举动反映了其对国际形势变化以及欧中关系变化的忧虑，这种情绪上的变化受到欧盟内部一些政党、政客、媒体及智库的利用，进而形成一股反华的力量。但是也要看到，欧盟与中国的关系仍然存在改善的基础，中国与欧盟并不存在根本的利益冲突。如果欧盟进一步破坏与中国的经济合作关系，不仅不利于自身发展，而且可能面临更为严峻的国际经济合作环境乃至影响与中国其他领域的合作。与此同时，欧盟内部也出现呼吁建设性发展对华关系的声音。中国需要欧盟，欧盟也需要中国，这是客观存在的事实。

未来 5—10 年，随着中欧发展态势的变化、全球形势的逐步演变以及全球南方影响力的持续提升，欧盟作为西方世界的一部分将更加客观认识到世界多极化以及文明多元化发展趋势。全球视野下的中欧对彼此的认知也将继续发生变化，双方分歧与矛盾的一面可能因此减少，寻求共识、扩大合作的一面或将增加。当然，这需要欧盟走出传统的思维认知局限，避免继续深陷所谓“中国威胁论”。未来，欧盟与中国除已有的合作领域外，还可以根据形势发展需要，不断深化交流与对话，探索新的合作领域。同时，只有双方理性看待相互关系中竞争的一面，通过沟通和对话来解决双方关系中的棘手问题，才能为实现双边关系的发展创造条件。

第十章　欧盟与东盟战略伙伴关系稳步发展

欧盟是地区性、政府间、综合性的国际组织，是欧洲政治经济一体化组织，东盟则是一个政府间国际组织，两者具有一定的相似性，但发展层次不同。21 世纪初以来，欧盟逐步加大对东盟的重视并推动双方于 2020 年建立战略伙伴关系，促进双方在贸易、商业、投资、环境、教育以及可持续发展等领域建立有效的合作关系。考虑到当前欧盟与东盟的国际地位不同、对彼此的相互认知和期待也不对称，双方的战略伙伴关系虽然面临一些发展机遇，但也存在不确定性，进而影响到双方战略合作水平。

第一节　欧盟与东盟双边关系发展历程

相较于欧盟，东盟成立时间略晚且一体化水平较低。鉴于历史、文化、经济、地缘政治等因素，欧盟重视发展与亚洲的相互关系，推进与东盟的交流与合作，进而为欧盟与东盟合作奠定了一定的历史基础。2020 年战略伙伴关系的建立更是为欧盟与东盟的战略合作开启了新篇章，促进双方合作内涵不断丰富、合作层次不断提升。

第一，稳步发展阶段（二战后至冷战结束）。早在 16 世纪，部分欧洲国家就通过所谓“地理大发现”进入东南亚地区，逐步开启欧洲人对当地的殖民历史。自 1945 年开始，东南亚国家陆续宣布独立。由于正值美苏争霸之际，东盟成立之初的部分设想是“抵御共产主义在当地的蔓延”，因而当时的东盟重视与西方国家发展关系。1972 年，欧共体与东盟建立非正式关系。随着英国在 1973 年加入欧共体，马来西亚、新加坡等英国前殖民地国家担心失去原先从英国获得的贸易优惠待遇。加之东盟国家为平衡美国、日本等国在东南亚的经济影响力，也谋求扩大与西欧的合作。因此，东盟国家对进入欧洲市场的兴趣有所增加。这些都推动东盟在 1977 年第十届外长会议期间决定同包括欧共体在内的一些“核心伙伴”建立对话关系，促进东盟与欧共体的制度化合作。1978 年，首届欧共体与东盟外长会议在布鲁塞尔召开，这推动了东盟与欧共体关系的发展。1971 年至 1979 年，欧共体与东盟间贸易额增加十倍，欧共体投资也大量进入东盟国家。1980 年，欧共体与东盟签署合作协议并推动建立联合合作委员会，进一步丰富了双边合作的内涵。1985 年，首届欧共体与东盟经济部长会议召开。此后，欧共体决定与所有东盟国家成立联合投资委员会，以促进与东盟国家的经济合作。到 20 世纪 80 年代末，欧共体与东盟双边贸易额不断扩大，双边贸易构成也日益变化，其中东盟对欧共体出口的工业制成品占比从 23.8%上升到 60%，双边贸易结构更趋合理。当然在整个 20 世纪 80 年代，相较同非洲、加勒比等地区发展中国家的合作，欧共体对东盟的重视相对不多。虽然欧共体与东盟的经济合作关系不断加深、政治和外交互动不断升级，但是双边合作的潜力仍非常大。如 1989 年，东盟与欧共体贸易额仅占欧共体对外贸易额的 3.1%，相较于 1980 年上升 0.5%；欧共体与东盟的贸易额也仅占东盟对外贸易额的 15%左右。此外，欧共体基于自身的亚洲发展战略，积极推动在关税优惠、设立贸易中心等事务上支持东盟发展，进而使得两大区域组织合作有了新的发展，互信不断增强。欧共体一体化的经验对于东盟自身的发展也具有一定的启发意义，促使其从欧共体的发展中汲取更多的灵感。

第二，快速发展阶段（1993 年至 2020 年）。随着冷战结束以及全球化的快速发展，欧共体与东盟的关系发生新变化，最为突出的是欧共体继续支持东盟一体化，并从发展经验、援助等多个方面促进东盟的发展。东盟在 1992 年成立东盟自由贸易区并实施共同有效的优惠关税计划，从而推动东盟自身发展。不过，欧共体在对外交往与合作中往往附加民主政治等条件，以体现所谓“规则制定者”形象。1993 年欧盟正式成立后，其在与东盟合作中一度愈加重视价值观的统一性以及规范的一致性。1994 年，在德国承办的第十一届欧盟与东盟外长会议上，欧盟立场趋向实用主义，降低了相关涉及价值观议题的论调。同年，欧盟通过新的亚洲政策，还与东盟成立“名人小组”，以更好地加强冷战结束后的合作。1996 年，由 15 个欧盟成员国、7 个东盟成员国、中日韩 3 国以及欧洲委员会联合发起的首届亚欧首脑会议在泰国曼谷召开，推动了此后亚欧之间的对话与合作。在 1997 年缅甸被吸纳为东盟成员国之后，欧盟与东盟双边关系出现一定的阴影，尤其是欧盟不同意缅甸参加欧盟与东盟对话对双边关系带来一定的冲击。1998 年，亚洲金融危机不仅给东盟国家带来严重冲击，而且也在一定程度上影响到欧盟与东盟的合作。2000 年，随着老挝和柬埔寨被吸纳进东盟与欧盟合作协定，欧盟对缅甸的排斥心态又有所抬头，在一定程度上拖累了欧盟与东盟的合作。同年 5 月，欧盟与东盟联合合作委员会通过一项新的战略文件，即《欧盟与东盟工作计划》，旨在为未来双方合作指明方向。2001 年 9 月，欧盟委员会通过一项新的亚洲战略，旨在加强欧盟和亚洲各国的关系、强化欧盟在亚洲地区的存在，进而谋求在未来十年内与亚洲建立全面、连贯和平衡的关系。2007 年，欧盟与东盟通过加强伙伴关系的宣言。同年，欧盟与东盟开始自由贸易谈判，但因故于 2009 年暂停谈判进程。此后，欧盟选择与新加坡、越南、印度尼西亚等东盟成员国举行双边自由贸易谈判并取得部分成功。

2012 年，欧盟加入《东南亚友好合作条约》。同年，东盟提议将双边关系升级为战略伙伴关系，但没有得到欧盟的积极回应。欧盟出台东盟区域一体化支持计划，出资1500万欧元支持东盟经济一体化进程。欧盟与东盟还联合推出第一个行动计划（2013年至2017年），谋求双方更为聚焦战略合作领域，如政治、安全、经济、贸易、社会和文化等。2013年6月，文莱东盟地区论坛提供了一个重要机会，促进双方进一步协调立场。2014年，东盟驻欧盟使团代表与欧盟驻东盟使团代表举行第一次联合会议，意在加强双边外交层面的沟通和对话。2015年，欧盟出台文件《欧盟与东盟：具有战略目的的伙伴关系》，这为推动双方构建战略伙伴关系打下基础。2017年是欧盟与东盟开启对话40周年，当年欧盟与东盟决定实施第二个行动计划（2018年至2022年），还同意重启自由贸易协定谈判。2018年，东盟与欧盟在亚欧首脑会议期间召开领导人会议。同年，在东盟经济部长与欧盟贸易专员磋商会上，双方同意推动自由贸易协定尽快达成。在2019年第22届欧盟与东盟外长会议上，双方重申要在塑造地区和全球政治、社会、经济和安全等议程方面发挥重要作用，并原则上同意将双边关系升级为战略伙伴关系。2020年3月，欧盟和东盟召开电话会议，分享有关新冠疫情信息并谋求在疾病控制和治疗等方面加强协作。同年12月，欧盟与东盟召开第23届外长会议，正式确立战略伙伴关系，重申基于共同价值观和原则的伙伴关系，决心继续开展强有力的经济合作，强调致力于在能源、数字、交通和人文交流等四个方面的合作并为应对气候变化和促进可持续发展而共同努力。欧盟和东盟还发表了关于互联互通的部长级联合声明，以落实和推进欧亚互联互通战略。2020年，尽管欧盟与东盟的货物贸易受多方面因素影响下降10%，为1890亿欧元，但东盟国家仍然是欧盟的重要合作伙伴，东盟国家与欧盟的货物贸易占到欧盟整体对外贸易额的5%。欧盟对东盟国家的直接投资总额达到3501亿欧元，成为东盟国家第二大外资来源地，而东盟国家对欧盟的直接投资也稳步增长并在2020年达到1724亿欧元。此外，2014年至2020年，欧盟给予东盟秘书处以及东盟地区一体化进程超过2.5亿欧元的援助，给予东盟成员国的双边援助额则达到20亿欧元。

第三，迈向新的发展局面阶段（2021 年至今）。自欧盟与东盟确立战略伙伴关系后，双方实施了一些重大合作项目，体现了双方的相互重视与战略合作意愿。2021 年，时任欧盟外交与安全政策高级代表博雷利访问东盟秘书处，与东盟高层深入交流并宣布在东盟秘书处开设欧盟合作办公室。同年，东盟代表团与欧盟对外行动署举行会议，就双边战略伙伴关系和欧盟“印太战略”交换意见。双方还举办欧洲议会与东盟议会联盟会议，讨论双边贸易关系以及新冠疫情对双边关系的影响。双方还草签了《东盟与欧盟全面航空运输协定》并于 2022 年 10 月正式批准，这是世界上第一个区域组织对区域组织的航空运输协定，将促进东盟和欧盟之间的互联互通和整体经济合作。2021 年，第 17 届东盟经济部长与欧盟贸易专员磋商会议举行，双方重申致力于加强经济合作，促进面向未来的欧盟与东盟自由贸易协定。2022 年 2 月，欧盟与东盟联合合作委员会举行第 29 次会议，强调双方在地区和全球事务中发挥的重要作用，高度评价欧盟与东盟第二个行动计划（2018 年至 2022 年）取得的成果，希望及时完成下一个行动计划（2023 年至 2027 年）。12 月，欧盟与东盟举行建交 45 周年纪念峰会，双方围绕可持续发展、气候变化、能源等议题达成广泛共识。会上，欧盟及其成员国宣布将通过“全球门户”计划，到 2027 年为东盟筹集 100 亿欧元，以支持东南亚国家的基础设施建设；同意深化双边人权政策对话，促进双方在数字经济、绿色技术、绿色服务以及供应链韧性等方面的合作，并重申推动达成自由贸易协定的长期目标。积极的沟通促进了双方务实合作，2022 年欧盟与东盟货物贸易额超过 2718 亿欧元，欧盟对东盟的主要出口产品是化学产品、机械和运输设备，而东盟对欧盟的主要出口产品是机械和运输设备、农产品和其他制成品；欧盟对东盟投资为 280 亿美元，成为东盟第三大外资来源地。2023 年 2 月，欧盟与东盟联合合作委员会召开第 30 次会议，强调双方是战略伙伴，重申推进欧盟与东盟战略合作以及支持东盟加强在区域合作中的中心地位；7月，时任欧盟外交和安全政策高级代表博雷利在东盟外长会上公开反对缅甸担任欧盟与东盟对话关系协调员一职，使双边关系受到影响。2024年2月，欧盟与东盟在布鲁塞尔召开第24届部长级会议。2024年5月，东盟和欧盟在雅加达发布了《东盟与欧盟蓝皮书（2024—2025）》。该蓝皮书强调了东盟与欧盟之间的战略伙伴关系，并展示了欧盟"全球门户"计划框架下双边新的合作计划。

第二节　欧盟与东盟战略伙伴关系的特点

梳理将近半个世纪以来的欧盟与东盟双边关系，可以形成一些规律性认识，进而深化对欧盟与东盟战略伙伴关系特点的认知。

第一，欧盟对东盟的重视逐步增多。最初，欧共体对东盟的重视不多，尤其是对与东盟开展机制化合作的重视不够，这体现为欧共体并没有将东盟作为优先伙伴，为彼此的机制化合作投入更多资源的意愿不足。东盟最初加大与欧共体合作主要是出于平衡域外力量对东盟影响的考虑，而非着意深化与欧共体的机制化合作。但是随着国际形势的发展变化、国家间力量对比的演变以及区域与次区域合作的蓬勃发展，东盟的重要性日益突出。其一，东盟的地理位置特殊，具有特殊的地缘政治意义。欧盟约40%的对外贸易通过南海，使得该地区的和平与稳定成为欧盟关注的事项。其二，东盟的经济体量日益扩大。2012年至2022年，东盟国内生产总值占全球的比重从7%上升至9%，到2050年东盟或将成为世界第四大经济体。同时东盟人口当前也达到7亿且数量不断增长。其三，东盟的地区合作影响力日益提升。面对域内外大国积极介入地区事务的局面，东盟有意吸引更多的域外力量参加东盟牵头的各种多边机制，如东盟地区论坛、东亚峰会等，从而对冲域内外大国影响并维持东盟的中心地位。欧盟也谋求不断深化与东盟的合作，使得欧盟机构、成员国与东盟的机制性交往或互动不断加深。21世纪以来，东盟逐渐被欧盟视为推进贸易、数字互联互通和全球安全等方面合作的重要伙伴。2015 年，欧盟明确与东盟的关系具有战略意义，认为东盟对于实现地区安全意义重大。2017 年，欧洲议会认为，东盟是世界上最具活力和增长最快的地区，东盟的一些经验和做法也值得欧盟学习。时任欧盟外交与安全政策高级代表博雷利也公开表示，“欧盟与东盟伙伴关系不再是奢侈品，而是必需品”。2018 年 3 月，11 个国家签署《全面与进步跨太平洋伙伴关系协定》，其中有 4 个东盟成员国。2020 年 11 月，第四次《区域全面经济伙伴关系协定》领导人会议以视频方式举行，会后包括东盟 10 国在内的 15 个亚太国家正式签署了该协定，这意味着世界上最大的自贸区诞生。鉴于东盟积极参与区域及跨区域经济合作，欧盟也决定扩大与东盟的经济贸易合作，以防受到特定贸易协定的排斥或挤压。此外，特朗普第一任期内美国相对忽视对东盟的工作，也刺激欧盟加大对东盟的重视，以支持所谓“基于规则的国际秩序”。

第二，丰富了全球区域间合作模式。20 世纪 50 年代以来，随着全球区域或次区域一体化的逐步推进，区域间合作日益成为国际社会关注的一个重要议题。其一，从区域层面来看，欧盟与东盟可以说是各自所在地区推进区域一体化的先锋，但是冷战期间特殊的国际环境、交往氛围以及双方实力的差异，也在一定程度上限制了欧共体与东盟的交流合作。冷战结束后，地区一体化的范式转化日益加快，尤其是少数具有反共色彩的地区组织从聚焦政治安全议题转向经济合作和地区治理、一些原先松散的国家间联盟也转向地区一体化，这使得区域间合作路径日益丰富、合作规范日益成熟，同时区域间或跨区域的对话与合作也蓬勃发展。欧盟与东盟的合作为区域间合作提供了一种新的合作模式，促进了区域间合作的升级和发展。作为两个发展较为成功的区域组织，欧盟与东盟具有较大的政策磋商空间和较强的政策共识能力，能够促进双方推动区域间合作和多边主义合作不断发展，推动全球治理向更高层次演进。在此过程中，欧盟与东盟峰会的作用受到更多重视，尤其是峰会涉及的议题日益深入、合作的国际影响力日益增强。虽然欧盟与东盟的区域间合作主要在双边层面展开，但也为其他域外力量参与或多方合作创造了一定条件。其二，从欧盟来看，其在与东盟自由贸易协定短期内难以达成的情况下，继续推进与东盟单个成员国的自由贸易谈判。如在 2009 年欧盟与东盟自由贸易谈判暂停后，欧盟决定与东盟部分成员国开展双边自由贸易谈判。截至目前，欧盟与新加坡、越南、泰国分别签署自由贸易协定，与马来西亚的自由贸易谈判于 2025 年年初得到恢复，与菲律宾在 2025 年 2 月也已启动第二轮自由贸易谈判，与印度尼西亚的自由贸易谈判则有望于 2026 年完成。其三，从两个组织具体成员国来看，其大多看重与对方组织内单个成员国的交往与合作，以更好地维护自身利益。如 2022 年柬埔寨对德国的出口达到 10.83 亿美元，占柬埔寨全年对欧洲出口的约四分之一。在欧盟成员国中，荷兰是投资东盟最多的国家，已经从 2018 年的 31 亿美元发展到 2022 年的 61 亿美元；荷兰与东盟的双边贸易额不断扩大，从 2020 年的 395.5 亿美元、2021 年的 455.5 亿美元发展到 2022 年的 542.4 亿美元；荷兰还是大多数东盟国家排名前十的外资来源地。

第三，合作范围从传统的经济领域向更广泛的领域拓展。欧盟是东盟的最主要投资者之一，也是东盟重要的贸易伙伴。随着时间的推移，欧盟与东盟的合作从经济贸易等领域日益发展到政治、可持续发展、外交、社会、安全以及全球治理等多个领域，双边战略合作不断升级。欧盟与东盟经济合作涵盖多个优先领域，包括基础设施、物流、监管、创新和流动性。欧盟“全球门户”计划进一步促进欧盟和东盟区域间经济合作以及强化欧盟对东盟“绿色复苏”的承诺。欧盟还积极支持东盟及其成员国提升应对气候变化的能力、保护生物多样性以及加强防灾和抗灾能力；重视加强双边技术交流与合作以及技术创新，这对于东盟提升产业竞争力以及国际竞争力具有重要意义。在 2023 年 2 月欧盟与东盟第 30 次联合合作委员会会议上，双方重申致力于加强经贸合作，并在中短期内深化合作路径，促进在数字经济、绿色技术、绿色服务以及供应链韧性等共同感兴趣领域的合作。过去十余年，地区地缘政治发生深刻复杂变化，也使得安全议题日益成为欧盟与东盟合作的新方向。双方总体认为恐怖主义、极端主义、网络攻击以及传播错误与虚假信息等对彼此构成严重的安全威胁，为此双方加强防务对话与合作。在地区和国际事务上，欧盟认为其与东盟是长期合作伙伴；双方承诺推进区域一体化与区域间合作，推动建立开放、自由、包容、透明和公平的多边贸易体制，妥善解决国际贸易争端。人文交流对深化欧盟与东盟战略伙伴关系也很重要，双方重视加强学生和专业人员来往，进而促进构建更为包容的社会以及改善民众生活。此外，欧盟长期以来还是东盟的发展援助提供者，持续支持东盟的发展能力建设。

第四，东盟坚持在双边战略合作中的平等地位。东盟由十个国家组成、经济规模庞大，但由于地理位置特殊，其面临较为复杂的地区内外形势与合作环境。在此背景下，东盟创造性提出坚持中心地位，发挥作为区域对话与合作主要召集者的作用。由于强调主权和不干涉内政原则，东盟不谋求发展成为一个超国家组织。其虽然重视与欧盟的战略伙伴关系，但是也不愿接受欧盟对其内部事务的干涉。而欧盟有时并不真正尊重东盟，使得其与东盟相互关系有时趋向降级或倒退。这体现了欧盟的优越感和傲慢自大倾向。尤其是一段时间以来，在西方国家围绕地缘政治斗争试图迫使东盟“选边站”时，东盟部分成员国对此感到不满并明确表态拒绝。这引起了欧盟的不满，认为这违背了所谓“共同的价值观和世界观”。在2021年年初，东盟成员国缅甸发生军事政变时，东盟提出“五点共识”，谋求在协调东盟国家立场、突出外交手段解决问题的基础上，推动与缅甸军方对话、助力缅甸民主进程恢复。欧盟则与美国一道，持续对缅甸实施制裁乃至对东盟施压，要求东盟给予缅甸军方更大压力。与此同时，欧盟迫于地区合作的现状，也不得不多次表态支持东盟的地区合作中心地位，如欧盟频繁参加东盟地区论坛，开展地区多边安全对话与合作。2021年，欧盟公开承认东盟在欧盟“印太合作战略”中的重要地位。

第五，欧盟与东盟内部建设的不对称性影响双边关系发展。欧盟不仅建立时间比东盟早，而且比东盟更为成熟和完善。欧盟作为地区一体化组织，尽管其内部存在差异和分歧，但是也在一定程度上形成了共同的外交与安全政策等，其通过的有关决策或政策对成员国往往有着较强的约束力。东盟作为一个区域政治和经济合作组织，其组织架构与运作模式与欧盟差异很大，一体化进程较为缓慢。东盟通过的相关决策或政策没有较强约束力，成员国可以遵守也可以不遵守。21世纪初以来，东盟的目标是建立一个类似于欧盟的共同市场。东盟社会文化共同体、政治共同体以及经济共同体也应运成为东盟的“三大支柱”，它们不断被提及并被赋予高度期待。但是由于东盟成员国发展水平差异较大，面临的内外经济形势以及各自的对外诉求存在一定的差异，东盟制定统一的对外经济贸易等政策时面临不小的挑战。截至目前，只有东盟经济共同体在2015年形成，而其他两个共同体则因为面临诸多难题而踟蹰不前。在欧盟与东盟两大组织合作方面，由于欧盟成员国并未将外交与安全政策完全让渡给欧盟机构，欧盟外交与安全政策高级代表与东盟秘书长以及东盟成员国之间的沟通并不能充分解决双方外交与安全议题。考虑到东盟成员国的诉求不一、应对外部挑战的抗压性不一，东盟在处理与欧盟关系时往往原则性较强，而务实的合作落地则面临不少现实难题。

第三节　影响欧盟与东盟战略伙伴关系发展的主要因素

考虑到国际形势不断发生新变化、大国竞争态势深刻复杂演变，欧盟日益重视全球南方，对位于亚太重要位置的东南亚国家更是予以特殊关注。未来欧盟将着眼亚太整体合作，继续聚焦东盟进行战略谋划，从而维护其在亚太地区的利益并巩固和提升全球竞争力。

第一，价值观和西方规范因素将继续掣肘欧盟与东盟战略合作。

长期以来，尤其是20世纪80年代以来，欧盟在对外交往与合作中愈益重视所谓“民主”和“价值观”，极力宣传和推广西方的发展模式。欧盟虽然对东盟国家的民主发展逐步予以认可并强调支持东盟宪章所载的民主、法治、善政、尊重和保护人权与基本自由等原则，但是对于东盟内部所谓的“民主和人权问题”长期持批判态度，这使得欧盟与东盟关系中的这类分歧较为突出。在这类分歧上，欧盟往往自认为是民主和人权的“守护者”，东盟部分成员国则是民主和人权的“破坏者”，为此欧盟持续干涉部分东盟成员国内部事务。随着双边关系的不断发展，欧盟不仅逐步深化与东盟的人权对话，而且也在经济贸易及投资等关系中引入民主、人权等价值规范，并以此对东盟发展施加影响。一般情况下，东盟国家大多愿意在合作文件中写入一些原则性的民主、法治、人权等概念，以此体现合作的道义性。如不少欧盟与东盟官方合作文件都强调双边合作以共同价值观为驱动并意在促进国际和平与发展，但是在具体实践中，欧盟以人权或民主为由干涉部分东盟成员国的内部事务乃至实施制裁，往往招致强烈反对。如欧盟对柬埔寨多党选举政治存在偏见，认为柬埔寨缺乏民主、选举存在争议、人权问题较为突出，2020年欧盟取消了柬埔寨服装、鞋类、旅行用品的免税准入，引发了柬埔寨政府的不满和抵制。柬埔寨政府强调本国民主选举符合国际规范，人权得到广泛尊重和发展，同时注意推动贸易多元化，以化解欧盟制裁带来的对外经济贸易合作压力。因而，对于同欧盟及其成员国的关系，多数东盟成员国心态复杂：一方面谋求借助欧盟市场、资金和技术等实现自身发展，另一方面则重视推进符合本国实际的发展道路，避免内外因素交织干扰本国发展。

第二，围绕欧盟“印太战略”进行协调与合作。数十年来，世界经济和政治重心逐步向亚洲东部地区转移，这给欧洲尤其是欧盟的发展带来新的机遇和挑战。近年来，欧盟成员国法国、德国和荷兰等因为历史或现实原因，陆续出台了各有特色的“印太战略”并积极推动欧盟基于“印太”框架深化与东南亚国家的合作。2021年4月，欧洲理事会发布了欧盟“印太合作战略”，以加强与该地区伙伴在战略与安全议题上的接触。欧盟这一战略与东盟“印太展望”总体一致，并重申欧盟对东盟中心地位原则的支持。但是在“印太战略”方向上，东盟的核心利益诉求与欧盟并不一致，东盟意图在大国竞争中保持自身的独立性并谋求维护自身的经济利益，而欧盟则强调全球地缘政治、价值观等竞争。在东盟发展问题上，欧盟“全球门户”计划强调支持东盟基础设施建设和内外互联互通。在东南亚地区治理问题上，东盟欢迎欧盟参与并发挥建设性作用，但是不愿欧盟以强势的方式介入地区事务乃至挑动国家间冲突。在大国关系问题上，东盟很可能延续以往的中立政策，与各方保持等距离的交往，从而维护自身的中心地位。在地区安全合作上，绝大多数东盟成员国也不会盲目追随欧盟、美国或其他西方国家政策。考虑到在欧盟与东盟双边关系中，欧盟对东盟需求的一面在上升，欧盟意图展现出更为积极的姿态并作出更多的努力，使自身的“印太战略”与东盟的优先事项尽可能保持一致，以争取东盟成员国更多的理解和支持。

第三，欧盟与东盟自由贸易谈判进程局限于成员国层面。在欧盟强化与东盟战略伙伴关系过程中，自由贸易协定是一个重要议题。自2007年以来，欧盟与东盟的自由贸易谈判迟迟未取得显著进展，但是双方均明确强调达成自由贸易协定是一个长期的目标，并为此开展了持续的努力。欧盟基于东盟发展现状，仍持续推进与部分东盟成员国的双边自由贸易谈判。欧盟认为，只有与东盟主要成员国达成自由贸易协定后，才有可能达成欧盟与东盟层面的自由贸易协定。考虑到东盟成员国发展水平差异较大、经济规模不一，欧盟将与新加坡、越南两个签署自由贸易协定的国家分为第一类，将印度尼西亚、菲律宾、泰国、马来西亚等四个经济实力较强并与欧盟贸易来往相对较多的国家分为第二类，并将老挝、柬埔寨、缅甸及文莱等国分为第三类。拟议中的欧盟与东盟自由贸易协定可能不会将老挝、柬埔寨、缅甸等国纳入其中。如果欧盟只满足于同东盟主要国家达成自由贸易协定，而刻意忽视乃至排斥部分东盟弱小或贫困成员国，那么可能引发东盟内部的反弹，进而破坏双方战略合作的氛围。此外，围绕一些具体贸易争端，双方也在努力通过谈判予以解决，如围绕马来西亚和印度尼西亚棕榈油出口欧盟待遇，欧盟与东盟决定成立联合工作组，力图从整体上解决棕榈油出口问题并将有关解决原则和办法逐步扩展至所有植物油品类。但是也要看到，欧盟提升环保标准，实施“碳边境调节机制”，无疑将引发东盟对欧盟保护主义的批判，这不利于欧盟与东盟持续推进自由贸易谈判。

第四，欧盟与东盟多边诉求存在差异。作为全球北方的欧盟以及全球南方的东盟客观上存在一些共同诉求与利益，如倡导多边主义、开放经济、自由贸易和区域一体化，谋求在应对气候变化、数字经济、网络安全、公共卫生危机等方面加强合作。但是双方的利益差异也比较明显，如欧盟对东盟不少成员国坚持本国特色发展道路以及反对外来干涉表达不满，认为东盟应该向西方价值观和标准靠拢并真正融入西方世界。东盟则认为自身是多极世界中的一极，对于日益激烈的大国竞争继续保持务实态度，谋求与各方加强合作并实现互利共赢，认为“选边站”不仅将缩小东盟的外交空间，而且也容易将东盟带至危险境地。在未来多边合作方面，欧盟与东盟可能面临新的复杂形势。如果欧盟不能照顾东盟成员国的关切并予以东盟及其成员国真正的尊重，那么双方在经济、政治、安全等领域的合作可能面临更多难题。

第四节 总结

欧盟与东盟双边关系历经起伏并最终发展为战略伙伴关系。总体来看，欧盟与东盟相互期待，但相比之下，欧盟对东盟的的重视程度更高，这缘于欧盟对东南亚地缘政治重要性的看重。从合作层次来看，欧盟不仅与东盟建立区域间合作机制，而且与东盟成员国开展了各具特色的合作。同时，欧盟成员国也与东盟成员国建立了不同层次的国家间合作关系。这些都丰富了欧盟与东盟的战略伙伴关系，使得双边战略合作具有更强的时代性和实践性。

当前，欧盟谋求与东盟进一步深化战略伙伴关系，以维护欧盟的地区和全球战略利益，但是欧盟此举也面临一定的不确定性，尤其是面临不确定的地区和国际环境。如大国在“印太地区”的竞争日益激烈，东盟维持中立和不结盟的难度加大；欧盟出于自身利益需要，对东盟成员国分门别类，发展差异化的双边关系，这无疑会影响东盟成员国的感受并损害欧盟与东盟的整体合作；欧盟的价值观外交在一定程度上妨碍了其与东盟的合作，影响部分东盟成员国与欧盟的合作意愿和信心；欧盟距离东南亚地区遥远，其通过“全球门户”计划推出的一些互联互通项目具有较强的政治性，在执行上可能会带来地缘政治难题并引发资金使用上的价值和规范冲突。在全球各类新老热点问题不断发展、全球南方和全球北方博弈日益加剧的情况下，欧盟更加坚持西方立场，积极介入多个地缘政治热点，甚至不惜挑衅全球南方，这对欧盟与东盟关系无疑会产生一定影响，或将破坏欧盟的国际形象以及恶化欧盟的对外合作环境。同时也要看到，欧盟与东盟的不对称关系也逐渐形成一定基础的共识和共同利益，促进双方寻求更多交流与合作。如欧盟进一步加强与东盟的绿色合作，支持东盟成员国加强制定和实施绿色经济政策的能力，帮助东盟成员国获得绿色金融和绿色技术。在供应链合作方面，东盟作为欧盟的重要贸易伙伴，正在吸引全球前沿行业供应链，有望成为世界上重要的工业制成品中心和关键零部件供应地。

第十一章　具有战略意涵的欧盟与土耳其关系仍陷困境

欧盟与土耳其关系自二战结束以来经历了复杂发展历程，虽然彼此从未明确建立战略伙伴关系，但是鉴于土耳其的特殊地理位置及其对欧洲一体化进程与欧盟全球作用的影响，欧土关系具有一定的战略意涵。21 世纪以来，土耳其基于“入盟”进程不顺以及对自身发展道路的持续探索，对外交政策进行调整，进而带动土耳其与东西方关系均发生明显变化。在土耳其未“入盟”的情况下，欧土关系呈现出一些显著特点，即双方都对土耳其“入盟”进程表达失望并都希望对方作出妥协和让步。随着国家实力、地缘政治重要性以及国际影响力的提升，土耳其有了更多与欧盟“议价”的能力，也获得欧盟的更多重视。尽管当下欧盟与土耳其关系出现一定程度的紧张，但双方避免局面破裂并保持必要的沟通和对话。未来，欧土关系仍面临一定不确定性，双方或需改变思路、探索推动双边关系新发展的新路径。当然这并不容易，需要双方坚定的政治意愿和决心并不懈作出双向探索。

第一节　欧盟与土耳其双边关系发展历程

土耳其作为一个横跨欧亚大陆的国家，具有重要的战略地位。欧洲人对土耳其有着复杂的感情，其中既包括历史上土耳其卷入欧洲发展进程、与许多欧洲国家产生深刻历史纠葛的因素，也包括现实中欧盟与土耳其围绕地缘政治、土耳其“向东转”等议题龃龉不断的因素。当下，欧盟更加重视土耳其在大国竞争、地缘政治、国际秩序演变等方面的作用，但是对于土耳其坚持走自己的发展道路和推行独立、均衡的外交政策难以接受，因而无意深入推进与土耳其的“入盟”谈判，这导致双边关系面临一定的不确定性。

第一，发展与挫折阶段（二战结束后至 1982 年）。土耳其与欧盟国家地理位置相邻，历史上双方有着复杂而微妙的关系。土耳其在二战前中期坚持谨慎的中立政策但在二战后期倾向同盟国。1952 年，土耳其加入北约，以此获得西方的认可并维护自身安全。1959 年，土耳其首次申请与欧洲经济共同体建立联系关系，土耳其政府作出这一决定更多是基于战略层面而非单纯的经济贸易考虑。1963 年 9 月，欧洲经济共同体与土耳其签署联系条约，即《安卡拉协定》，其主要内容是推动双方建立强大的联系以及组建关税同盟，同时对土耳其加入欧洲经济共同体进行审查。由此，欧洲经济共同体意图通过欧洲化的方式推动改造土耳其，并为土耳其申请成为欧洲经济共同体成员国创造条件。此后，土耳其认为，鉴于自身的地理位置、历史进程、与欧洲经济共同体达成的协定以及与西方的关系，土耳其无疑是当然的欧洲经济共同体成员国。但是自 20 世纪 70 年代初开始，欧共体与土耳其双边关系受一些政治和经济因素影响陷入波动，尤其是欧共体不断批评土耳其内政外交并对土耳其的民主化倒退表达不满，这又引发了土耳其的不满和抵制。1980 年，土耳其出现军事政变，更是导致双边关系被强制暂停。尽管如此，欧共体与土耳其的经济贸易合作也取得一定发展。

第二，转圜与推进阶段（1983 年至 1998 年）。在 1983 年土耳其政权更迭后，欧共体改变对土政策，使双边关系逐渐解冻。1984 年，土耳其取消进口替代政策，向世界开放本国市场。1987 年，土耳其正式申请加入欧共体，但此时《安卡拉协定》规定的最终阶段尚未完成。1989 年 9 月，欧共体表示，“在完成内部一体化之前其不能接纳任何新成员，土耳其应继续推进其经济、政治和社会发展”。1993 年 11 月 1 日，《马斯特里赫特条约》生效，这标志着欧盟正式成立。1993 年 12 月，欧洲理事会通过“哥本哈根标准”，规定了候选国加入欧盟必须满足的政治和经济条件，如民主、法治、人权、市场经济以及需承担的成员国义务等。1995 年，欧盟与土耳其决定建立关税同盟，该关税同盟于 1996 年 1 月 1 日生效。这是欧盟第一次与非成员国建立关税同盟，其覆盖了所有工业产品，但没有涵盖农业、服务业及公共采购等重要领域。由此，欧盟与土耳其的联系关系进入最后阶段。不过，1997 年欧盟峰会没有将土耳其纳入十个“入盟”候选国，导致土耳其与欧盟关系陷入重大危机。1999 年，欧盟在赫尔辛基峰会上又同意将土耳其升级为“入盟”候选国，这才推动双边关系走出短时危机。

第三，从高峰走向紧张阶段（1999 年至今）。从 1999 年开始，欧盟与土耳其关系的一个核心议题就是“入盟”谈判。该谈判在经历短暂顺利期后就逐步进入艰困期，乃至陷入僵局。1999 年赫尔辛基峰会之后，欧盟委员会就开始直面土耳其“加入关系伙伴”（Accession Partnership）。2001 年 3 月，土耳其政府出台接受欧盟所有规则的国家计划并很快将相关计划提交给欧盟委员会。这一国家计划按欧盟规定较好地照顾到“入盟”进程中的短期及中长期优先事项。欧盟先后于 2003 年、2005 年、2006 年和 2008 年修改了“加入伙伴关系”文件，土耳其也于 2003 年、2005 年、2008 年相应修改了国家计划。土耳其为达到“入盟”目标进行了持续的改革，尤其是 2003 年和 2004 年，土耳其政府通过九项一揽子改革举措，推动加强民主及包容性政治文化。上述改革带来了一些积极改变，如对虐待犯人零容忍，减少军事对政治、教育和文化等领域的干扰等。同时土耳其加快推进立法和修法进程，如 2001 年修订《民法》、2003 年修订《劳动法》、2005 年修订《刑法典》，此外还先后修订《新闻法》《政党法》《结社法》《集会和示威游行法》《公务员法》《国家安全法院的设立和诉讼法》等。在对待国内库尔德人问题上，土耳其政府也作出一定让步，推出允许国家电视台使用库尔德语等举措。土耳其政府还成立欧盟事务部，以更好地推进“入盟”谈判和协调欧土双方立场等。此外，土耳其政府积极改善与希腊的关系，推动双方在旅游、反恐、应对非法移民等问题上进行合作。当然，土耳其相关改革也引发其国内不少争议，一些行政或立法工作难以获得国内的长期持续支持。2004 年，欧盟布鲁塞尔峰会对土耳其为“入盟”而作出的改革予以肯定，认为土耳其满足了政治上“入盟”的标准，并决定于 2005 年 10 月开始与土耳其就欧盟成员国资格进行谈判。

但是，随着塞浦路斯 2004 年加入欧盟，土耳其的“入盟”之路遭遇新的难题。2006 年 12 月，欧洲理事会在塞浦路斯和法国否决土耳其“入盟”后，宣布中止后续的“入盟”谈判。2007 年，土耳其国内选举之后，该国政府对欧盟期待的进一步改革要求保持谨慎态度。2008 年，国际金融危机爆发、欧债危机加重以及此后西亚北非地区局势的急剧变化，不仅对欧盟和土耳其相互认知产生极大影响，还对土耳其“入盟”谈判进程产生一定负面影响。2012 年，欧盟委员会与土耳其启动一项“积极议程”（Positive Agenda），谋求促进欧盟与土耳其围绕共同感兴趣事务加强合作，以及促进完成制定谈判章节的技术标准。从 2013 年开始，欧盟对土耳其国内政治局势发展的不满和批评增多，这不仅持续影响欧盟及其成员国对土耳其的认知，而且也为土耳其“入盟”谈判持续带来新的障碍。2014 年，土耳其发布了一份名为《土耳其欧盟战略》的加入欧盟进程政策声明，旨在呼吁欧盟与土耳其相向而行，并加快所有“入盟”协议章节的谈判工作。对于土耳其所作的努力，欧盟并没有予以积极肯定，反而认为土耳其离“入盟”标准越来越远。2015 年 12 月，欧盟在停止与土耳其谈判两年后，以解决难民问题为契机，重启与土耳其的“入盟”谈判，涵盖经济、货币、立法等议题。2016 年 12 月，欧盟委员会提议升级与土耳其的关税同盟协定，并将双边关系拓展至服务业、国内采购和可持续发展等领域，但是仍没有获得广泛支持。2017 年，土耳其政府在粉碎未遂政变后的政治举措引发欧盟进一步关切。时任欧盟邻国政策和扩员谈判专员约翰内斯·哈恩更是提议与土耳其发展成员国关系之外的替代伙伴关系。欧洲理事会决定停止对土耳其“加入伙伴关系”的资金支持。对此，土耳其感到不满和失望。2019 年 3 月，欧洲议会也敦促停止与土耳其的谈判进程，这显示欧盟对土耳其的信心下降。欧土双方相互非难的增多，不仅影响土耳其“入盟”谈判进程，而且对双方已经形成的对话与合作也产生一定影响。当然，对土耳其仍旧表现出的“入盟”意愿以及为此作出的表态，欧盟方面也不得不在言辞上作出一定的回应。如 2021 年年初，土耳其立场有所软化，表示希望恢复与欧盟的对话，以升级关税同盟、完成签证自由化并重启“入盟”谈判。欧洲理事会对此指出，欧盟的战略利益在于发展同土耳其的合作与互惠关系。2021 年 6 月，欧洲理事会指出，欧盟应以分阶段、相称和可逆的方式与土耳其进行接触，以加强在多个共同关心领域的合作，如气候变化、健康、移民、农业、反恐以及创新等。2022 年，土耳其总统埃尔多安在布拉格欧盟峰会上重申本国加入欧盟的愿望，指出土耳其在加入欧盟上面临不公平的障碍，强调“在克服欧盟面临的挑战和增强欧盟的国际角色方面，土耳其有着不可替代的作用”。而时任欧盟负责扩员事务的专员奥利弗·瓦赫雷伊则对土耳其“入盟”的前景表示悲观。为推动欧盟在土耳其“入盟”问题上作出让步，土耳其曾以反对瑞典和芬兰加入北约为要挟，但最终未能成功。2023 年 9 月，瓦赫雷伊访问土耳其并会见时任土耳其外交部部长费丹，讨论土耳其与欧盟各方面关系以及其他地区和全球问题。此后欧盟表示，可能会尽快再次尝试与土耳其就正式成员国资格进行谈判。

尽管欧盟与土耳其围绕“入盟”谈判陷入政治分歧，但是考虑到土耳其作为经济合作与发展组织成员、二十国集团成员、北约成员、全球南方重要力量及其不断提升的地缘政治重要性，欧盟也注意发展与土耳其的经贸及外交等合作。实际上自2007年开始，欧盟就通过了“入盟”前援助协议，为土耳其改革提供资金和技术援助。2007年至2013年，土耳其获得欧盟44亿欧元的援助，用于过渡期援助和机制建设、跨境合作、地区合作、人力资源发展以及乡村发展等方面。2014年至2020年，除欧盟对土耳其防范非法移民的专项援助外，土耳其获得欧盟31.9亿欧元的援助。根据联合国贸易和发展会议2022年数据，土耳其2021年吸引外资125亿美元，其中60%来自欧洲国家，欧盟成为土耳其最大的外资来源地。2021年，欧盟与土耳其服务贸易额达到242亿欧元。2022年，欧盟与土耳其双边商品贸易额达到1981亿欧元，土耳其成为欧盟第七大贸易伙伴，而欧盟则成为土耳其的最大贸易伙伴。2022年，对土耳其的贸易额占到欧盟对外贸易总额的3.3%。2023年，欧盟与土耳其商品贸易额为2065亿欧元，土耳其成为欧盟第五大贸易伙伴。此外，欧盟还进一步扩大对土耳其的支持，尤其是与土耳其签署了有关欧洲数字计划的关联协议，使得土耳其中小企业、公共部门及其他组织将能够申请欧盟拨款，以推进人工智能或高级数字技能等领域建设。

第二节　欧盟与土耳其双边关系的特点

数十年来，欧盟与土耳其双边关系的主线就是“入盟”。“入盟”已经成为影响欧土关系的最主要议题，其他任何涉及欧土关系的议题都可能受到“入盟”谈判氛围和进程的影响。对于上述情况，欧盟和土耳其双方都有着深刻认知。欧盟掌握土耳其“入盟”谈判的主导权，处于主动地位，而土耳其作为“入盟”候选国处于被动地位。但是考虑到欧土互有需求，双方在出现争议乃至冲突的同时，也会保持一定克制。

第一，“入盟”谈判踟蹰不前彰显双方的相互不满及博弈。从欧盟方面来看，候选国只有在相关法律制度、规则及施政达到欧盟标准后，才有可能取得成员国资格，而土耳其并没有达到相关欧盟标准，因而难以加入欧盟。土耳其“入盟”谈判未来仍将持续相当长的时间。与此同时，土耳其又不接受除加入欧盟外的其他形式的替代关系，这就难免使得双方“入盟”谈判持续陷入僵局。

其一，欧洲理事会、欧洲议会等欧盟机构对土耳其“入盟”的态度相对消极。2004 年，欧洲理事会认为，土耳其有效满足了所有启动“入盟”谈判的标准。2005 年，欧洲理事会同意与土耳其启动“入盟”谈判。但是自 2005 年启动“入盟”谈判以来，欧盟委员会、欧洲理事会的态度不断变化，反对的声音逐渐增多。自 1998 年以来，欧盟每年都撰写一份对土耳其的评估报告，以评估土耳其的年度表现。欧盟关于土耳其的年度评估报告往往基调消极，对土耳其内政外交多有指责。加之土耳其拒绝将《安卡拉协定》、关税同盟适用于塞浦路斯，“入盟”谈判进程缓慢，欧洲理事会甚至在 2006 年决定部分冻结谈判进程。欧洲人权法院持续对土耳其所谓的“侵犯人权”问题作出反应，如 2021 年，该法院就涉及土耳其的案件作出 78 项判决（涉及 567 个申请），其中 76 个判决认定土耳其至少存在一项违反《欧洲人权协定》的情况。欧洲议会 2021 年 5 月以 480 票赞成、64 票反对和 150 票弃权通过了暂停土耳其“入盟”进程的提案，还呼吁土耳其立即改变法治和人权状况，并以此作为土耳其加入欧盟的先决条件。2022 年，欧盟委员会关于土耳其的评估报告指出，“在土耳其‘入盟’谈判框架内，16 个章节已经开启，其中 1 个临时关闭”。2023 年的欧洲议会年度报告也敦促土耳其与欧盟机构及欧盟成员国一道努力，打破目前的僵局，为欧土关系发展寻求“现实框架”。同年，欧洲人权法院公开谴责土耳其政府在 2016 年未遂政变后判处一名教师有罪的行为，这引发土耳其官方的激烈反应并认为此举凸显了欧洲人权法院对土耳其判决的偏见和不公正。

其二，欧盟不少成员国及其民众对是否接受土耳其“入盟”存在显著分歧。法国和希腊是反对土耳其“入盟”较为明显的国家，相当一部分法国民众长期以来不希望看到土耳其“入盟”，尤其是不少法国民调显示，60%以上的民众反对土耳其“入盟”。相关原因非常多，如文化和宗教原因（欧洲身份原因），即土耳其穆斯林人口数量庞大，若大量土耳其人涌入欧盟成员国可能妨碍欧盟国家的人口融合；经济原因，即土耳其虽然系中高收入国家但贫富差距很大，一旦“入盟”不仅将拉低欧盟的整体经济发展水平，而且将消耗欧盟大量援助，削弱欧盟对老成员国的援助；外交因素，即土耳其与部分欧盟成员国存在冲突，如塞浦路斯反对土耳其在北塞浦路斯的存在、希腊与土耳其存在领土争议；欧盟内部建设原因，即土耳其作为人口大国，一旦“入盟”将在欧盟机构获得大量的公职人员配额，影响现有欧盟成员国的席位分配，进而导致不少欧盟成员国既得利益受损。此外，欧盟不少成员国对土耳其的民主政治、人权等发展水平感到不满，认为土耳其要“入盟”就必须作出更为积极的转变。

就土耳其而言，随着“入盟”进程一再受挫，该国政府和民众对欧盟的不满和批评越来越多。尤其是对欧洲议会发布的2023年年度土耳其评估报告表示愤慨和指责，认为欧洲议会的报告充满不实信息和指控。此外，不少土耳其人根本不相信欧盟会吸纳土耳其，认为欧盟所有的谈判举措无非是显示姿态，以免欧土关系走向极端恶化。如泽奈布·德格斯2022年3月开展的一项民调显示，63%的土耳其人认为即便达到了欧盟所有标准，欧盟也不会接受土耳其的完全成员国资格。

第二，北约与欧盟合作框架难以推动欧盟改善与土耳其关系。北约长期以来视欧盟为核心伙伴，尤其是2016年北约与欧盟签署联合声明，将双边关系提高到了新的水平。作为北约“领头羊”的美国重视与土耳其关系，强调土耳其是北约的重要盟友和重要地区伙伴，美国致力于改善与土耳其关系并强调土耳其与欧洲-大西洋共同体保持联系符合美国利益。因而很长一段时间以来，美国都支持土耳其加入欧盟。如在2004年北约峰会上，时任美国总统小布什指出，“作为欧洲大国，土耳其属于欧盟，土耳其获得欧盟成员国资格也将成为促进伊斯兰世界和西方之间关系的关键进步”。对此，部分欧盟成员国表示认同，但是也有部分欧盟成员国表示反对。作为北约重要成员国，土耳其也希望借助北约身份来推动欧盟加快“入盟”进程。在未得到欧盟积极响应的情况下，土耳其也曾有意阻挠北约与欧盟的相关合作。不过，北约对土耳其发展同俄罗斯的关系也有所不满，认为土耳其不仅在一定程度上背离跨大西洋联盟精神，而且背离欧盟和跨大西洋联盟共享的价值观。同年，美国民主党执政后，调整对土耳其关系，甚至围绕所谓的“土耳其支持俄罗斯规避制裁”与欧盟一道首次对土耳其实施制裁。欧盟也对土耳其阻碍瑞典等国加入北约，乃至要挟欧盟在重启“入盟”谈判上作出让步感到不满。如 2023 年，欧洲议会外事委员会指出，“一个国家加入北约的进程不能与另一个国家加入欧盟的进程联系起来”，“带来上述问题的一个重要原因是土耳其政府自 2002 年以来根据国际国内形势不断调整对外政策，尤其是利用自身特殊的地理位置发展欧亚外交，不断巩固地缘政治地位并借此谋求更大的利益”。对此，欧盟以及北约感到不满并作出一定的反制。

第三，欧盟与土耳其均不希望看到双边关系破裂并保持谨慎克制。土耳其的“入盟”之路漫长而又艰辛，其中欧盟对土耳其的要求和批判层出不穷，而土耳其在 21 世纪第二个十年也更多趋向走本国道路并坚持独立自主的对外政策。这些都造成了欧盟与土耳其关系的龃龉和紧张，2019 年，欧洲议会更是公开认为“欧盟与土耳其的关系介于合作与紧张之间”。考虑到欧土双方互有需求，加上土耳其历届政府都不愿意放弃加入欧盟的政策取向，使得双方可以说总体处于“斗而不破”局面。一方面，欧土双方不时互放狠话，强调自身的原则和立场并要求对方作出妥协和让步；另一方面，双方不敢承受关系破裂带来的风险，因而在发生争议或分歧时大多保持某种程度的克制，避免将矛盾扩大化，进而导致双边关系陷入难以转圜的地步。如土耳其与希腊长期围绕海上权益争议不断，甚至发生海上对峙，在欧盟、北约介入下，双方不得不防止冲突扩大化并不时为争议降温。如 2021 年，土耳其采取措施缓解与希腊的紧张局势，停止在地中海东部的能源勘探、撤回海军舰艇并开始与希腊直接谈判，还制定了与法国缓和关系的路线图。在应对乌克兰危机方面，土耳其虽然以自身利益为主实行独立外交政策，但是也适当照顾欧盟的关切，如积极创造条件，帮助乌克兰利用黑海出口粮食及其他农产品。此外在贸易争议上，双方也大多寻求妥善解决。如欧盟以土耳其无理要求外国药品生产商将生产线转移至土耳其境内为由、土耳其以欧盟实施钢铁进口保护性关税为由分别将相关争议诉诸世界贸易组织，但是双方都接受了世界贸易组织相关裁定结果。

第四，欧土具有战略性质的对话仍在推进并促进双方选择性合作。虽然21世纪以来欧土关系经历持续变化，但双方仍在创造条件进行具有战略性质的高层次对话。如2021年，时任欧洲理事会主席米歇尔和欧盟委员会主席冯德莱恩在安卡拉联合会见土耳其总统埃尔多安，欧盟与土耳其移民与安全问题高级别对话、欧盟与土耳其卫生问题高级别对话相继举行。2022年，第80届欧盟与土耳其联合议会委员会，第二届欧盟与土耳其气候问题高级别对话、欧盟与土耳其农业问题高级别对话，首届欧盟与土耳其科学、研究、技术和创新高级别对话等分别举行。对于双方较为关心的防范非法移民以及关税同盟现代化议题，双方进行了多次磋商并形成一些战略共识。其一，土耳其围绕难民议题与欧盟持续沟通并予以一定的配合和支持。如2011年以来，土耳其持续协助欧盟解决超300多万名难民问题，尤其是2016年，双方签署联合声明并实施一项临时措施，阻止难民通过土耳其向欧盟非法移民。同时，自2011年以来，为解决难民危机，欧盟向土耳其提供大量援助，其中2011年至2016年为3.45亿欧元、2016年至2019年为5.35亿欧元、2021年至2023年为30亿欧元。2023年9月，瓦赫雷伊在访问土耳其期间，与土方签署了全额达7.8亿欧元的新的一揽子难民援助协议。其二，欧盟对土耳其关注的关税同盟现代化问题与土方保持沟通并作出一些积极决策。由于土耳其“入盟”进程长期没有明显进展，欧盟内部希望通过替代方案来巩固和发展与土耳其关系，于是双方在不中止“入盟”谈判进程的同时，启动了一个相互不具排斥性的并行计划，即实现关税同盟的现代化。其主要原因在于，欧土关税同盟虽然在历史上曾起到一定的积极作用，但是并没有充分反映欧土双边经济贸易关系，更为突出的是关税同盟仅仅覆盖了工业制成品和加工农产品而没有上升为全面的贸易协议。2014 年，欧盟与土耳其决定设立高官工作组，以探索解决关税同盟问题。2015 年，欧盟与土耳其达成相互谅解，同意推动实现关税同盟现代化并将其拓展到新的领域。2016 年 12 月，欧盟委员会和欧洲理事会授权围绕欧土关税同盟现代化议题进行磋商，但是 2018 年 6 月，欧洲议会一般事务委员会又叫停欧盟委员会的相关建议。2019 年，欧洲议会呼吁欧洲理事会考虑暂停对土耳其农产品的贸易优惠，甚至暂停双方关税同盟。2020 年 10 月，欧洲理事会决定发起一项欧土“积极议程”，聚焦关税同盟现代化。2021 年 4 月，时任欧洲理事会主席米歇尔和欧盟委员会主席冯德莱恩访问土耳其期间强调，实现关税同盟现代化以及落实协议在欧盟的议程之中。2023 年，欧盟委员会提交的 2022 年年度土耳其评估报告重申在更广泛以及互惠的条件下升级双边关税同盟，认为这符合双方共同利益，但也强调关税同盟现代化需要以“更强大的人权和自由”为条件。2023 年 9 月，瓦赫雷伊在访问土耳其期间，与土方就重启关税同盟谈判达成一致。当然，土方也强调推动关税同盟现代化与土耳其“入盟”并行不悖，土方仍希望继续推动“入盟”谈判进程。

第三节　新形势下欧盟对土耳其的新认知、新期待

21 世纪以来，尤其是土耳其正义与发展党执政以来，土耳其发生了较大变化，内外政策不断发展演变。2022 年，土耳其政府决定在共和国成立 99 周年之际将官方英文国名从“Turkey”改为“Türkiye”，

从而更好地表达土耳其的文化、文明和价值观。2023年，埃尔多安赢得总统选举并开始第三个总统任期。土耳其的上述变化，无疑促进了欧盟对土耳其认知的持续变化。

第一，土耳其已走上且仍将走一条不同的发展道路。土耳其正义发展党在21世纪初执政后曾一度按照欧盟标准进行改革并获得欧盟一定程度的肯定，但是不久后，正义与发展党的内外政策遭到了欧盟的广泛质疑和批评。如在政治制度上，欧盟批评土耳其在2017年通过修宪将政体从议会制转为总统制后，“民主倒退”问题日益明显。在价值观方面，欧盟认为土耳其政府无意弥合欧土双方在思想观念和价值观方面持续扩大的差异，指责土耳其总统选举和议会选举的法律框架没有为举行民主选举奠定坚实基础，抨击土耳其对集会、结社和言论自由的持续限制，阻碍反对派政治家、政党、民间社会组织以及独立媒体的政治参与；指责土耳其法律和政策对实现法治、自由、人权等构成越来越多的障碍，认为土耳其国内侵犯人权和法治恶化的循环仍在延续；谴责土耳其司法机构缺乏独立性且政治化严重；强调民主、法治以及相互尊重主权、领土完整和尊重少数民族权利等应继续构成欧盟与土耳其睦邻友好关系的核心。在经济方面，欧盟认为土耳其市场经济的运作存在缺陷，尤其是在货币和财政政策以及监管环境等方面。在外交上，土耳其的外交重心从西方逐步转向东方并立足中东。欧盟认为，土耳其不少外交政策与欧盟背道而驰，尤其是土耳其坚持与俄罗斯发展关系、深化对俄合作损害了欧盟的战略和长远利益。根据欧盟委员会2022年年度土耳其评估报告，欧盟认为“土耳其仅与7%的欧盟共同外交和安全政策决定保持一致，创下历史新低”。因此，欧盟认为土耳其在不对自身发展路线进行重大变革的情况下，“入盟”进程难以有效重启。

第二，土耳其对欧盟实现战略自主的重要性上升。战略自主是指欧盟在具有重要战略意义的政策领域能够自主行动。早在二战结束后，西欧国家就有加强内部团结的诉求，只是后来随着北约的成立和诸多西欧国家以及欧共体成员国的加入，欧共体就不再突出构建独立防务政策的必要性。欧盟成立后，注意加强共同安全和防务政策建设，以提高欧盟应对危机的能力并强化欧盟的全球作用。2016 年，欧洲理事会对欧盟战略自主作出了宽泛的定义，即“尽可能与地区及国际伙伴实施行动和合作的能力，并在必要时坚持自主运作”。这体现出“欧洲人对欧洲安全负责”的理念，强调欧洲人要将命运掌握在自己手中。但是欧盟要实现战略自主仍面临很大的难题，其中既有欧盟内部分歧以及由此带来的能力不足等问题，也有长期以来高度依赖北约的问题。因而，欧盟要实现战略自主不仅需要成员国共同的政治意愿、相向决策以及强大的实施能力，也需要欧盟成员国及其利益攸关方的联合参与和合作。如法国总统马克龙自 2017 年就任以来，就倡导欧洲主权、持续推动欧盟的战略自主。欧盟认为，作为“入盟”候选国以及北约重要成员国的土耳其是重要的合作伙伴，尤其是欧盟实现更广泛的地区稳定目标的重要合作伙伴。如法国尽管不支持土耳其加入欧盟，但是认为基于欧盟和土耳其面临的共同挑战，欧土仍有可能进行协作，以促进欧盟战略自主。特别是在反恐及应对非法移民等方面，土耳其可以为欧盟作出更大的贡献。此外，在欧盟面临能源危机以及供应链安全风险的情况下，欧盟更加重视经济安全。而土耳其作为重要的新兴经济体以及欧亚能源供应通道，可为欧盟提供更多的支持。

第三，土耳其对欧关系仍存在一定不确定性。欧盟与土耳其关系十分复杂，其中既有合作也有冲突。一方面，欧盟高度看重土耳其在其外交与安全政策中的重要性。欧盟需要与土耳其在维护安全与军事、管控非法移民、促进中东地区和平与稳定、保障能源供应等领域开展合作。欧盟还有意与土耳其加强合作，以减少对美国的依赖并加强对乌克兰的支持。此外，北约也推动欧盟与土耳其及其他非欧盟邻国开展更紧密的合作，以加强欧洲防务能力。因此，欧盟希望与土耳其关系继续朝着务实方向发展。另一方面，欧盟与土耳其之间存在着大量的分歧。如欧盟认为，土耳其已经偏离了欧洲一体化，只能维持名义上的欧盟候选国地位。不少欧盟政策制定者认为土耳其的外交政策具有威胁性和敌对性。如土耳其和希腊、塞浦路斯的矛盾依旧，没有得到根本解决。2025 年 5 月，欧洲议会土耳其报告员纳乔·桑切斯·阿莫尔向欧洲议会提交了一份报告，严厉批评了土耳其外交政策，称其日益具有对抗性，与欧盟价值观不一致，并损害了长期停滞的土耳其“入盟”进程；强调土耳其虽然仍是欧盟候选国，但其行为越来越表现为欧盟的地缘政治对手。该报告警告土耳其日益敌对的姿态，同时仍呼吁在移民、能源和贸易等共同利益领域建立合作渠道。展望未来，欧盟谋求找到一种方法，在推动土耳其遵循西方价值观并不断改革自身人权和民主状况的同时，与土耳其保持稳定的合作关系。因而，欧盟可能在发展与土耳其关系中既有批评和推动，也有鼓励和参与，努力争取维持价值观和利益之间的平衡。

第四节　总结

欧盟与土耳其的关系对双方都很重要，双方都不允许双边关系偏离基本发展轨道，这也是双方长期以来“斗而不破”的原因所在。对欧盟而言，土耳其是一个既值得重视但又不满意的伙伴，改善欧盟与土耳其的关系需要双方共同努力。欧盟仍期望土耳其能够推进足够的改革，以达到“入盟”的标准。但是经过几十年的交流、对话和谈判，双方妥协余地收窄，严厉的指责、空洞的威胁乃至实际的制裁都难以迫使对方作出让步。因而，欧盟内部已经围绕如何发展与土耳其的关系加大反思，一系列对策建议也应运而生。其总基调是谋求欧土双方变革思路，探索新的合作路径，进而重振欧盟与土耳其的关系。如欧洲理事会敦促土耳其政府与欧盟及其成员国携手打破目前的僵局，并呼吁欧盟委员会探索“欧土相互吸引的框架”。部分欧盟成员国呼吁欧盟启动反思进程，以找到一个“替代和现实的框架”来取代土耳其“入盟”的进程。不少欧洲国家学者还呼吁在欧盟和土耳其之间搭建一座“桥梁”，以推动欧土双方在政治上作出明确的选择和承诺。当然，这需要欧盟与土耳其作出共同政治政治表态并采取一致的行动，进而为缓和双边关系制定更具吸引力的议程。

目前，土耳其并未放弃加入欧盟，土耳其期望欧盟看到土耳其“入盟”的决心并为此采取更积极的行动。在土耳其“入盟”问题上，即便一时难以取得重大突破，欧土双方也需要解决土耳其阶段性关注的签证自由化、关税同盟现代化等议题，从而取得一些阶段性成果，以安抚土耳其政府和民众。为保持对欧压力，土耳其政府除了反复重申加入欧盟以及不愿接受新的条件外，也注意与欧盟进行接触和对话，尤其是在经济、军事、安全和难民等问题上进行沟通。土耳其的相关举措无疑获得包括欧盟在内的西方世界的一定回应，西方希望以此避免土耳其外交更大程度“向东转”。

当然，欧盟与土耳其虽然存在一定的共同利益，并开展了一系列的务实合作，但是影响双方战略互信与合作的一些突出问题始终挥之不去。如土耳其与希腊、塞浦路斯等国间的问题短期无法得到妥善解决，甚至还有可能激化。欧盟对土耳其人权、自由、民主等事务的肆意干涉，只会不断引发土耳其政府的不满乃至反制。欧土双方开展的对话与沟通，未来可能更集中在一些矛盾相对不大或诉求相近的领域。因而在“入盟”谈判持续僵持的情况下，推动欧土关系进入新的更高的阶段还存在很大的困难。与此同时，尽管土耳其“入盟”问题一时难以解决，德国等部分欧盟成员国仍将继续深化与土耳其的双边关系，并谋求通过国家间关系的发展为欧盟与土耳其关系的改善作出贡献。长期来看，欧盟与土耳其的关系发展还存在一定变数，双方既有合作又有分歧的矛盾关系仍将维持较长时间。

中文参考文献

[1] 陈新明. 合作与冲突:2000 年以来俄罗斯与欧盟关系[M]. 北京:中国社会科学出版社,2018.

[2] 丁一凡. 跌宕起伏的中欧关系:从文明对话到战略伙伴[M]. 北京:中国社会科学出版社,2020.

[3] 金玲. 欧盟对外政策转型:务实应对挑战[M]. 北京:世界知识出版社,2015.

[4] 柯克莱勒,德尔鲁. 欧盟外交政策[M]. 刘宏松,等,译. 2 版. 上海:上海人民出版社,2017.

[5] 汪波. 欧盟中东政策研究[M]. 北京:时事出版社,2010.

[6] 王明进. 危机影响下的欧盟对外政策[M]. 北京:中国社会科学出版社,2018.

[7] 余南平. 欧盟一体化共同安全与外交政策[M]. 上海:华东师范大学出版社,2009.

[8] 赵怀普. 欧盟政治与外交[M]. 北京:世界知识出版社,2021.

[9] 周弘,苏宏达. 欧盟对外关系[M]. 北京:中国社会科学出版社,2018.

图书在版编目（CIP）数据

面向全球南方：欧盟与新兴经济体战略伙伴关系研究／石晓虎著. -- 北京：当代世界出版社，2025. 8.

ISBN 978-7-5090-1914-6

Ⅰ. D85

中国国家版本馆 CIP 数据核字第 20255EK170 号

书　　名：面向全球南方——欧盟与新兴经济体战略伙伴关系研究
作　　者：石晓虎 著
出 品 人：李双伍
策划编辑：刘娟娟
责任编辑：刘娟娟　杨啸杰
出版发行：当代世界出版社
地　　址：北京市东城区地安门东大街 70-9 号
邮　　编：100009
邮　　箱：ddsjchubanshe@163. com
编务电话：(010) 83907528
　　　　　(010) 83908410 转 804
发行电话：(010) 83908410 转 812
传　　真：(010) 83908410 转 806
经　　销：新华书店
印　　刷：北京新华印刷有限公司
开　　本：710 毫米×1000 毫米　1/16
印　　张：12
字　　数：162 千字
版　　次：2025 年 8 月第 1 版
印　　次：2025 年 8 月第 1 次
书　　号：ISBN 978-7-5090-1914-6
定　　价：79. 00 元

法律顾问：北京市东卫律师事务所　钱汪龙律师团队　(010) 65542827